HEYNE BÜCHER

SACHBUCH

W0211383

Petra Keller

Anne Wilson Schaef

Weibliche Wirklichkeit

Frauen in der Männerwelt

Aus dem Amerikanischen von Ilse Rose Bender

WILHELM HEYNE VERLAG
MÜNCHEN

HEYNE SACHBUCH
19/439

Titel der amerikanischen Originalausgabe
WOMEN'S REALITY.
AN EMERGING FEMALE SYSTEM IN THE
WHITE MALE SOCIETY

Dieser Titel erschien bereits in der Reihe Heyne Lebenshilfe
unter der Bandnummer 17/69.

4. Auflage
1. Auflage dieser Ausgabe

Taschenbuchausgabe im Wilhelm Heyne Verlag GmbH & Co. KG, München

Printed in Germany 1996
Umschlagillustration: Superbild/Stockworks, Grünwald
Umschlaggestaltung: Atelier Adolf Bachmann, Reischach
Satz: Kort Satz GmbH, München
Druck und Bindung: Ebner Ulm

ISBN 3-453-11570-8

Wenn ich mich selbst und meine eigene Wirklichkeit finden will,
muß ich das nicht auf Kosten von jemand anderem tun.

Für alle Frauen, die mir geholfen haben zu lernen;
für all meine Klienten und Freunde – was oft ein und dasselbe ist;
für das Weibliche, das ich verstehen und lieben gelernt habe.

Für all die Chauvinisten, die mir bis heute nahestehen;
für die anderen Männer, die wiedergutmachen, was das White Male System zerstört hat;
vor allem aber für meine Familie, die mir täglich hilft
zu werden und zu wachsen.

Vorwort

Mit großer Freude schreibe ich das Vorwort zur deutschen Ausgabe meines Buches ›Weibliche Wirklichkeit‹. Ich bin froh, daß mein Buch ins Deutsche übersetzt wurde, denn ich fühle mich seit jeher den Deutschen verbunden.

In Amerika hat das Buch ein starkes Echo gefunden. Entgegen aller Voraussagen ist es sogar zu einem heimlichen Bestseller geworden. Seine Stärke liegt darin, daß es ausspricht, was wir Frauen intuitiv schon immer wußten. Die Briefe, die ich von Leserinnen bekam, haben meistens den gleichen Tenor: »Ich bin Ihnen so dankbar, daß Sie meine Gefühle und Erfahrungen bestätigen. Ich weiß jetzt, daß ich eine ganz normale Frau bin.«

Ich bin froh, daß mein Buch solch heilsame Wirkung hat.

Meine Vorstellungen haben sich natürlich seit dem Erscheinen meines Buches weiterentwickelt. Heute weiß ich, daß das White Male System* und das reaktive Weibliche System in engem Zusammenhang stehen, daß eins nicht ohne das andere existieren kann. Ich weiß jetzt, daß das White Male System zerstörerisch und tödlich ist. Als ich mein Buch schrieb, wollte ich unbedingt fair sein – heute weiß ich mehr und bin weit weniger konziliant. Auf diese neuen Erkenntnisse gehe ich in meinem zweiten Buch ein (der englische Titel lautet: The Addictive System: A Look at the Death-Orientation of the White Male System).

Ich möchte all jenen danken, die sich für die deutsche Ausgabe eingesetzt haben: den Übersetzerinnen, Ilse Rose Bender und Marliese Dieckmann, für ihre einfühlsame Übersetzung, Adolf Dieckmann für seine fachliche Beratung, den Verlegern Mona und Rudolf Kaufmann, die das Wagnis auf sich genommen haben, dieses Buch zu verlegen. Schließlich danke ich all

---
* System des weißen Mannes

den deutschen Leserinnen und Lesern, die das Buch auf Englisch lasen und sich für eine deutsche Ausgabe eingesetzt haben.

Ich lade Männer wie auch Frauen ein, die beiden Systeme besser kennenzulernen – schließlich bestimmen sie unser Leben.

Inhalt

Einleitung: Warum ich dieses Buch schreiben mußte

Vor vielen Jahren machte ich eine Privatpraxis als Psychotherapeutin auf. Als im Lauf der Zeit immer mehr Frauen zu mir kamen, erkannte ich, daß ich ihnen gar nicht recht helfen konnte. (So etwas passiert einem Therapeuten öfter, nur gesteht er es sich selten ein.) Ich zog meine Lehrbücher zu Rate und so langsam dämmerte es mir, daß meine Ausbildung für die Therapie von Männern zwar ganz brauchbar war, daß sie aber für Frauen kaum taugte: Da war sie bestenfalls nutzlos und schlimmstenfalls sogar schädlich.

Ich beschloß deshalb, mich eine Zeitlang nur mit den Problemen der Frauen zu beschäftigen. (Da ich selbst auch eine Frau bin, profitiere ich natürlich davon.) Ich versuchte, mich so weit wie möglich von alten Einstellungen und Vorurteilen zu befreien und mir die Zeit zu nehmen, geduldig zuzuhören und genau hinzusehen. Durch meinen Beruf konnte ich glücklicherweise sehr viele Daten und Informationen sammeln. Neben meiner Privatpraxis machte ich Einzel- und Gruppentherapie und war in den verschiedensten Organisationen beratend tätig: Ich arbeitete in Encounter-Gruppen, machte Firmenberatung, Gruppenprozeßtraining und Erziehungsberatung und war als Management- und Programmberaterin tätig.

Ich hatte unzählige Male die Möglichkeit, mit Gruppen ins Gespräch zu kommen und die Diskussion zu leiten. So oft ich konnte, arbeitete ich mit Frauengruppen zusammen. Dazu gehörten Encounter-Gruppen, Workshops für Gruppenprozeßtherapie, kirchliche Gruppen, Eltern- und Lehrgruppen, Verbände berufstätiger Frauen sowie Frauenworkshops. Ich sprach mit Frauen jeden Alters – vom Teenager bis zur Rentnerin. Ich hatte vorwiegend mit Frauen der weißen amerikanischen

Mittelschicht zu tun, aber auch mit Schwarzen, Indianerinnen und Frauen lateinamerikanischer Herkunft. Fast alle diese Frauen arbeiteten, sei es als Hausfrau oder im Beruf.

Es war mir wichtig, daß diese Begegnungen und Gespräche in einer vertrauensvollen, offenen und vorurteilslosen Atmosphäre geführt wurden, so daß jede Frau ihre Ansichten ganz offen und ohne Angst äußern konnte. So trug ich im Lauf der Zeit das Material für dieses Buch zusammen, sichtete und ergänzte es.

Diese Art der Forschung wird allgemein als ›soft research‹ bezeichnet. Margaret Mead und Sigmund Freud gebrauchten beide diese Forschungsmethode: Sie sammelten ihre Daten durch Zuhören und Beobachten. Wenn der Forscher unter den verschiedensten Umständen und von den verschiedensten Personen immer wieder ein und dieselbe Information erhält, beginnt er sie zu verallgemeinern. Zusammengenommen ergeben diese Verallgemeinerungen ein neues Konzept, und diese Konzepte wiederum verdichten sich zu einer Theorie.

Anders ausgedrückt, die hier erforschte Theorie entspringt einer Synthese, nicht einer Analyse. Ich betone dies ausdrücklich, weil es wesentlich zum Verständnis dieses Buches ist. Die Verallgemeinerungen und Konzepte, die zu dieser Theorie führten, stammen alle von Frauen, denen ich in einer Gruppen- oder Einzelsituation begegnet bin. Ich habe mich auch persönlich ganz intensiv mit allem auseinandergesetzt. Ich hoffe, ich kann mit dieser Theorie dazu beitragen, daß wir erkennen und begreifen, was Frausein in unserer Kultur bedeutet. Ich hoffe, daß meine Theorie uns helfen kann, eine neue Sprache zu finden, in der wir uns verständigen und unsere Erfahrungen austauschen können. So werden wir einen Weg finden, einander besser zu verstehen.

Denn mein Ziel ist es, daß wir einander verstehen. Nur dadurch können wir wachsen und uns weiterentwickeln. Wachstum und Veränderung sind ein wesentlicher Teil des menschlichen Lebens. Wenn wir jedoch den Weg und das Ziel unseres Wachstums festlegen wollen, setzen wir wieder Grenzen. Darum will ich in diesem Buch nichts definieren, nur beschreiben. Dieses Beschreiben soll dem Leser helfen zu verstehen, denn dieses Verstehen ermöglicht Wachstum und Veränderung. Den Weg oder gar das Ziel der persönlichen Entwicklung möchte ich nicht bestimmen.

Allzu häufig benutzen Psychotherapeuten und Sozialwissenschaftler ihre Theorie als Waffe. Sie wurden in der einen oder anderen Methode ausgebildet und glaubten schließlich selbst daran. Sie versuchen deshalb, ihre Klienten diesen Schablonen anzupassen, ohne deren wirkliche Bedürfnisse zu berücksichtigen.

Zugegeben, dies ist ein Berufsrisiko der Therapeuten und Sozialwissenschaftler, aber ich meine, man wird damit dem Klienten nicht gerecht. Für mich ist eine Theorie ein Hilfsmittel, mit dem wir manches erklären können. Paßt eine bestimmte Theorie auf eine bestimmte Beobachtung, sollte man sie ruhig anwenden. Paßt sie jedoch nicht, dann nichts wie weg damit! Jede Theorie hat ihre Grenzen, keine kann alles erklären. Gerade wenn all unsere Schulweisheit versagt, haben wir die Chance, etwas Neues zu entdecken. Nur wenn wir nicht mehr alles wissen und verstehen wollen, können wir offen sein für neue Erkenntnisse. Theorien können unser Bewußtsein erweitern, aber auch begrenzen – nämlich dann, wenn sie uns die Sicht verstellen für andere wichtige Erkenntnisse. Es hängt immer davon ab, wie wir Theorien gebrauchen.

Es ist mir ein Anliegen, daß die Theorien, die in diesem Buch beschrieben werden, nicht gegen die Frauen benutzt werden. Das war schon öfter der Fall. Unter den Therapeuten, die ich für die Arbeit mit Frauen ausgebildet habe, waren viele dabei, die sich alle Mühe gaben, verständnisvoll und hilfreich zu sein. Sie hörten mir mit großem Interesse zu und schrieben eifrig mit – ganze Bücher voll. Wenn sie wieder zu Hause waren, brachten sie ihren Klientinnen auf subtile aber direkte Art bei, was sie fühlen, denken und tun müßten. Ein solcher Mißbrauch von Theorie ärgert und ängstigt mich. Ich beschwöre jeden, der dieses Buch liest, meine Theorie nicht zu mißbrauchen, um eigene Überlegenheit zu demonstrieren. Auch sollte es niemand dazu benutzen, seinen Partner zu bekehren. Ein Freund oder ein Außenstehender ist dafür sicher viel geeigneter – Partnerschaften sind auch so schon schwierig genug!

Ich gebe keine Patentrezepte. Ich will den Frauen nicht sagen, wie sie sich verhalten sollen, und auch den Therapeuten nicht vorschreiben, wie sie ihre Klienten behandeln müssen. Vielmehr sollen diese Beobachtungen und Konzepte dazu dienen, unsere große Unwissenheit etwas zu mindern. Eine Theorie hat nur Sinn, wenn sie uns die Möglichkeit gibt, die Dinge neu zu sehen, und wenn sie richtungsweisend ist für unser Leben. Im Idealfall sollte eine Theorie im Unterbewußtsein oder Unbewußten eines Menschen bleiben, bis sie durch einen realen Vorgang bewußt wird. Dann erfüllt sie ihren Zweck: Sie hilft dem Menschen, etwas zu erklären und zu verstehen.

Dieses Buch erhebt nicht den Anspruch auf Vollständigkeit. Das hat mich zeitweise sehr frustriert. Ich hatte das Gefühl, ich dürfte erst dann ein Buch schreiben, wenn ich alles verstanden hätte. Das ist natürlich nicht möglich, und deshalb gab ich die Warterei auf. Wenn es mir auch nur zu einem ganz kleinen Teil gelungen ist, Klarheit darüber zu schaffen, was Frauen sind und was es in unserer Kultur bedeutet, eine Frau zu sein, dann bin ich zufrieden.

Manche Frauen werden sicherlich nicht mit allem einverstanden sein, was ich hier beschreibe. Ich erwarte nicht, daß jede(r) diesem Buch zustimmt. Ich habe es geschrieben, um Anstöße zu geben, und es ist gut möglich, daß dabei Konflikte aufgedeckt werden. Das kann nicht anders sein.

Wenn Sie etwas lesen, was Ihnen überhaupt nicht einleuchtet, dann lassen Sie es einfach beiseite. Richten Sie sich auf keinen Fall nach den Maßstäben und Erfahrungen anderer Leute. Ich habe festgestellt, daß dieses Buch in fast jeder Frau irgendeine Saite berührt. ›Picken‹ Sie sich nur das aus diesem Buch, was Ihnen nützlich ist. Sie brauchen weder sich noch das Buch zu verwerfen, wenn gar nichts auf Sie ›paßt‹. Nehmen Sie das, was auf Sie zutrifft, und lassen Sie alles andere beiseite!

Frauen empfinden es oft als Bedrohung, wenn man sie als ›anders‹ etikettiert. In unserem Verhalten und unserer Einstellung unterscheiden wir uns oft von dem, was uns eine Autorität als ›richtig‹ vorschreibt. Im Weiblichen System gibt es kein richtig oder falsch. Anderssein ist möglich und trotzdem richtig. Es kann zwei oder auch mehrere Antworten auf eine Frage geben, und alle können richtig sein. Niemand braucht unrecht zu haben. Prüfen Sie, welche Ideen und Konzepte auf Sie zutreffen. Kommt Ihnen etwas unwesentlich vor, so sollten Sie es beiseite lassen.

Männer tun sich mit diesem Buch vielleicht schwer. Ich habe festgestellt, daß Männer anderer Rassen und Volksgruppen – etwa Indianer, Schwarze, Lateinamerikaner – schneller einen Zugang dazu finden als ein Weißer. Wenn Sie ein Mann sind und gewisse Teile dieses Buches nicht verstehen, rate ich Ihnen, sich mit fünf Frauen zusammenzusetzen, wobei drei Feministinnen sein sollten. Wenn Sie hinterher diese Ideen immer noch nicht verstehen und akzeptieren, liegt wahrscheinlich noch ganz schön viel Arbeit vor Ihnen. Vergessen Sie aber dabei nicht, daß es viel schwieriger ist, eine Idee zu erklären als sie zu verstehen!

In diesem Buch werden zwei weibliche Systeme beschrieben. Das erste ist reaktiv. Es ist nicht ein System, für das sich Frauen bewußt entschieden haben, es ist eher eine Methode, um mit den Rollen und Erwartungen zurechtzukommen, die das White Male System vorschreibt. Als reaktives System ist es weder logisch noch zusammenhängend, es reflektiert eigentlich nur die vielen Schwierigkeiten und Überlebensstrategien der Frauen im White Male System.

Die hier vorgestellten Konzepte und Theorien sind philosophischer, psychologischer, soziologischer, politischer und theologischer Natur. Mit diesem Buch habe ich versucht, diese Theorien zu beschreiben, so daß wir alle ein besseres Verständnis und Bewußtsein unserer Kultur bekommen und danach leben und handeln. Wenn wir lernen, die Dinge zu erkennen und beim Namen zu nennen, können wir lernen und wachsen.

Ich habe erfahren, daß die besprochenen Konzepte des Weiblichen Systems und des White Male Systems sowohl für Männer als auch Frauen hilfreich waren. Ich kenne viele Männer, die meine Theorien unterstützt haben und froh waren, daß ich sie formulierte.

Es ist wichtig, klar zu sagen:

Es gibt ein Weibliches System. Es ist nicht gut, es ist nicht schlecht, aber es existiert.

KAPITEL 1

Das White Male System und andere Systeme unserer westlichen Zivilisation

Das männliche Weltbild – eine Fehldeutung?

Bei der Arbeit mit Klienten hatte der Therapeut bisher die Wahl zwischen zwei Ansätzen: dem intrapsychischen und dem interpersonalen. Bei der ersten Methode konzentriert sich der Therapeut auf das Innenleben der Person, wobei es auf Träume, Phantasien, Abwehrmechanismen, Fixierungen usw. ankommt. Von besonderer Bedeutung sind die ersten fünf Lebensjahre: Man nimmt an, daß sie die Persönlichkeit des Menschen prägen und ein für allemal festlegen, wie jemand lebt und was aus ihm wird.

Die Erfahrung hat gezeigt, daß der intrapsychische Ansatz entschieden zu eng gefaßt ist. Die durch diese Methode gewonnenen Informationen mögen zwar ganz nützlich sein, reichen aber nicht aus. Zugegeben, ein Therapeut kann mit dem Innenleben einer Person arbeiten und dabei große Fortschritte erzielen, aber es ist genauso notwendig, daß er auch mit ihrem Umfeld arbeitet. Schließlich lebt niemand in einem leeren Raum! Der interpersonale Ansatz bezieht sich demnach sowohl auf das Umfeld des Klienten als auch auf die Persönlichkeit selbst.

Mit meinen Klienten habe ich beide Ansätze – den intrapsychischen wie auch den interpersonalen – benutzt, je nach ihren Bedürfnissen und meinen Wahrnehmungen. Beide Methoden bewährten sich von Fall zu Fall, beide halfen meinen Klienten, lebendige, liebevolle und fähige Menschen zu werden. Trotzdem war ich nie so ganz zufrieden mit der einen oder anderen Methode oder auch der Kombination von beiden. Ich fühlte, daß in beiden Ansätzen ein wesentliches Element fehlte – wesentlich nicht nur was die Therapie an sich betrifft, sondern die Bewältigung des ganzen alltäglichen Lebens.

Was fehlt, ist ein Verständnis und Erkennen dessen, was ich das White Male System, kurz WMS, nenne. Es ist von entscheidender Bedeutung, daß wir dieses System erkennen und damit umgehen können, und zwar einfach deshalb, weil es uns überall umgibt und unser Leben bestimmt. Seine Mythen, Grundsätze, Rituale, Methoden und Konsequenzen beeinflussen unser Denken, Fühlen und Tun.

Ich will erklären, was ich unter dem WMS verstehe. Es ist das System, in dem wir leben, in dem weiße Männer die Macht und das Sagen haben. Dieses System entstand nicht über Nacht und wurde auch nicht von einigen wenigen Funktionären ersonnen; wir alle haben dieses System nicht nur toleriert, sondern mitentwickelt. Trotzdem ist das WMS nur ein System und mehr nicht. Wir alle leben darin, aber es ist nicht die Wirklichkeit. Es ist ein Trugschluß. Unglücklicherweise erkennen einige von uns nicht, daß es nur ein System ist und halten es für die Wirklichkeit schlechthin.

Das WMS – und hierbei darf man nicht vergessen, daß ich ein *System* meine und nicht mit dem Zeigefinger auf bestimmte Personen innerhalb dieses Systems zeige – beherrscht praktisch jeden Lebensbereich unserer Zivilisation. Es macht unsere Gesetze, bestimmt unsere Wirtschaft, setzt Löhne und Gehälter fest und entscheidet, wann und ob wir in den Krieg ziehen oder friedlich zu Hause bleiben dürfen. Es legt fest, was Wissen ist und wie es vermittelt werden soll. Wie jedes andere System hat es positive und negative Seiten. Da es aber nur ein System ist, kann es von innen und außen durchleuchtet, geprüft und auch verändert werden.

Es gibt noch andere Systeme im amerikanischen Kulturkreis: das System der schwarzen Amerikaner, das der spanischsprechenden und das der asiatischen Amerikaner, das der indianischen Ureinwohner. Sie alle wurden vom White Male System vereinnahmt und teilweise aufgesogen. Genauso ergeht es dem Weiblichen System, das nicht nur die weißen Frauen, sondern die Frauen aller anderen ethnischen Gruppen umfaßt.

Es gibt ein paar weiße Männer, die nicht in das WMS passen. Sie bilden eine kleine, aber ständig wachsende Gruppe. Von anderen weißen Männer, die ihren Sexismus nicht wahrhaben wollen, werden sie als weltfremde Idealisten angesehen. Wenn ich in einem Vortrag auf die Existenz dieser ›anderen‹ hinweise, kann ich förmlich sehen, wie alle Männer im Saal eigentlich gerne dazu gehören möchten. Wenn es ihnen gelänge, diesem anderen Kreis anzugehören, dürften sie ›anders‹ sein und müßten sich nicht mit sich selber auseinandersetzen. Ich pflege zu warten, bis sie diese Zugehörigkeit innerlich voll und ganz bejahen und füge dann hinzu: »Allerdings, wie die Dinge heute stehen, setzt sich diese Gruppe vorwiegend aus Homosexuellen zusammen.« Daraufhin machen sie sofort einen Rückzieher. Ich mache diese Bemerkung wegen eben dieses Effekts, wobei ich es mit der Wahrheit nicht so genau nehme, denn es öffnet den Männern die Augen, daß es mehr Sexismus gibt, als man auf den ersten Blick sieht. Das eigentliche Thema rückt dadurch wieder in den Vordergrund, und außerdem ist es amüsant, die Reaktion der Männer zu beobachten.

Die Behauptung, man sei kein Sexist – bzw. man wolle keiner sein oder könne nicht zugeben, einer zu sein – ist etwas ganz anderes, als wenn sich einer mit seinem eigenen Sexismus auseinandersetzt. Man kann das mit der Einstellung der weißen liberalen Amerikaner zu der Bürgerrechtsbewegung der Schwarzen vergleichen: Unsere schwarzen Freunde sollten uns bestätigen, daß wir eine Ausnahme seien. Wir wollten uns bestätigen, daß wir keine Rassisten wären. Wurde uns das bestätigt, konnten wir einer Auseinandersetzung mit unserem eigenen Rassismus aus dem Wege gehen – den es natürlich trotzdem gab, auch wenn wir die Augen davor verschlossen oder ihn zu verdrängen versuchten.

Zwei schwarze Kollegen von mir weigerten sich schlicht, mir das zu sagen, was ich hören wollte. Schließlich begriff ich, daß es nicht darum ging, *ob* ich ein Rassist war, sondern *inwieweit* ich einer war. Erst als ich dies mit Hilfe meiner Freunde erkannte, konnte ich anfangen, an meinen eigenen rassistischen Einstellungen und Verhaltensweisen zu arbeiten. Genauso ist es mit dem Problem des Sexismus. Da wir alle im WMS leben, lautet die Frage nicht, *ob* wir Sexist sind, sondern *inwieweit* wir es sind (was übrigens sowohl für Männer als auch für Frauen gilt).

Bevor wir uns unserem Sexismus stellen können, müssen wir lernen, Abstand vom WMS zu nehmen. Wir müssen lernen, uns damit auseinanderzusetzen, es zu durchschauen und zu relativieren.

Was Umweltverschmutzung und das WMS gemeinsam haben

Es gibt eine Parallele zwischen dem WMS und der Luftverschmutzung: Wenn man sich mitten drin befindet, merkt man zumeist nichts davon – außer in besonders krassen Fällen. Wir essen, schlafen, arbeiten darin, und mit der Zeit glauben wir, die Luft müsse so sein. Wir halten die Luftverschmutzung so lange für ganz natürlich, bis wir irgendwo hinkommen, wo wir unverdorbene Luft atmen. Ich lebe in den Bergen von Colorado, USA, wo die Luft sehr rein ist. Jedesmal, wenn ich an die Ostküste komme, fange ich an zu husten, und meine Nase läuft. Wenn ich dann schniefend und keuchend zu den Ortsansässigen sage: »Du meine Güte, heute ist aber dicke Luft«, sind sie ganz verblüfft und fragen: »Wirklich?« Womit sie eigentlich sagen: »Ist denn die Luft nicht immer ein bißchen schwer und gelb-grau?«

Wenn man New York oder auch Los Angeles anfliegt, kann jeder sagen: »Puh, was für ein Smog.« Wenn man aber eine Weile darin gelebt hat, denkt man nicht mehr daran und nimmt die Verschmutzung als naturgegeben hin.

Indianer haben das WMS schon immer als Gift empfunden. Die schwarzen Amerikaner waren die nächsten, die das System in Frage stellten. Sie distanzierten sich davon und erklärten: »Wir haben ein eigenes System, das Schwarze System. Es ist nicht immer richtig, aber es ist auch nicht immer falsch. Black is beautiful, und unser System ist für uns gut.« Bis dahin hatten sich nur wenige Gruppen mit dem WMS auseinandergesetzt und eigene Alternativen vorgestellt.

Es ist sehr schwer, sich dem WMS zu entziehen, da es in unserer Zivilisation überall präsent ist. Man kann der Luftverschmutzung New Yorks entrinnen und in die Berge fahren, aber dem WMS entkommt man nicht so leicht. Es *ist* unsere Zivilisation. Wir leben alle darin. Unsere schulische, politische, wirtschaftliche, philosophische und theologische Erziehung ist auf dieses System ausgerichtet, und unser emotionales, psychologisches, physisches und geistiges Überleben hing davon ab, daß wir uns in diesem System auskannten und es unterstützten. Weiße Frauen glauben, daß sie ihre Identität von außen, durch das WMS, bekommen und daß nur das WMS diese Identität bestätigen kann. Daher sind sie kaum imstande, dieses System anzugreifen.

Das Überleben in unserer Zivilisation hängt davon ab, daß es gelingt, uns dem WMS anzupassen. Da weiße Frauen sich am besten angepaßt haben, konnten sie es besser überstehen als andere Gruppen, sowohl wirtschaftlich als auch physisch, obwohl sie natürlich mißhandelt, vergewaltigt und verstümmelt werden (z. B. durch unnötige Operationen). Sie müssen ihr eigenes System verstecken bzw. verlernen und die Stereotypen akzeptieren, die das WMS für sie aufgestellt hat.

Schwarze haben das WMS ›halbherziger‹ als wir weißen Frauen akzeptiert und sind nicht so gut damit gefahren. Natürlich waren die (weißen) Männer nicht gerade begeistert, Schwarze in ihr System aufzunehmen. Amerikaner spanischer Abkunft und asiatische Amerikaner waren noch weniger erwünscht. Die meisten Indianer wollten überhaupt nichts damit zu tun haben. Wenn man sich einmal vor Augen hält, wie diese unsere ›Kultur‹ den Indianern mitgespielt hat, dann sieht auch ein Blinder, was mit denen passiert, die das WMS ablehnen. Sie werden entweder mit Stumpf und Stiel ausgerottet oder müssen jeden Schritt erkämpfen. Das wirtschaftliche und physische Überleben hängt unmittelbar davon ab, ob man das WMS akzeptiert und sich anpaßt.

Darüber hinaus gibt es eine *umgekehrte Beziehung* zwischen der Anpassung an das WMS einerseits und dem Überleben des einzelnen andererseits. Der Anspruch, von Natur aus immer überlegen sein zu müssen, ist mehr als der menschliche Organismus verkraften kann. Die eifrigsten Verfechter des Systems, die alle Kraft einsetzen, es fabelhaft weit darin zu bringen und Karriere zu machen, haben eine kürzere Lebenserwartung und sterben vorzeitig an Herzinfarkt, Schlaganfall, hohem Blutdruck, Magengeschwüren und all den anderen physischen Folgen von ständigem Streß und Anspannung.

Eine unerwartete Folge der amerikanischen Bürgerrechtsbewegung ist die Tatsache, daß heute mehr Schwarze an Herzinfarkt sterben. Wenn sie sich in das WMS integrieren, übernehmen sie auch das unglückselige Erbe von Streß und vorzeitigem Tod. Das gleiche scheint auch für die Frauen zu gelten, die es im WMS geschafft haben. Hoher Blutdruck scheint Hand in Hand zu gehen mit Gesellschaftskleidung und Diplomatenköfferchen.

Dies muß jedoch nicht so sein. Ein großes Problem des WMS ist der unvermeidliche Streß, der als wesentlicher Teil des Systems gewertet wird. Wenn man den Mythen und hochgesteckten Zielen des Systems gerecht werden will, dann kommt man natürlich um den Streß nicht herum. Wir haben aber die Wahl, ob wir nach diesen Mythen leben wollen oder nicht. Wir können versuchen, die dem Streß zugrunde liegenden Ursachen zu beseitigen – das ist besser, als sich mit ihnen zu arrangieren. Die einzig wirksame Methode, das zu erreichen, besteht darin, die Mythen des WMS in Frage zu stellen und vielleicht einmal das System selbst zu verändern. Das ist möglich, in manchen Fällen ist man schon dabei.

Ich spreche hier nicht von der Frauenbewegung, der Bürgerrechtsbewegung der Schwarzen und der Freiheitsbewegung anderer einzelner Gruppen in unserer Kultur. Ich hoffe vielmehr, daß eine Zeit kommen wird, in der jeder das sein darf, was er wirklich ist. Schwarze und Frauen lernen zwischen gutem und schlechtem ›Klima‹ zu unterscheiden. Sie zeigen, daß es auch möglich ist, beiseite zu treten und zu sagen: »Das WMS ist nur ein System. Es ist nicht die Wirklichkeit. Es ist ein Trugschluß.« Schwarze haben ihr eigenes System definiert, und einige haben auch versucht, es den anderen nahezubringen. Leider sind die meisten von uns unbegabte Schüler. Es ist schwer, ein neues Konzept vorzustellen, wenn der andere schon ›alles weiß‹ (auch so ein Mythos des WMS). Es gibt auch Schwarze, die es abgelehnt haben, andere in ihr System einzuweihen. Sie mußten mit allen Mitteln versuchen, mit dem WMS konform zu gehen, wenn sie überleben wollten.

Ich habe das WMS so beschrieben, wie es von Frauen des Weiblichen Systems wahrgenommen wird. Denn neben dem WMS existiert auch ein ›Weibliches System‹. Es ist weder gut noch schlecht. Es ist einfach vorhanden. Man muß keinem den Vorzug geben. Durch die Schilderung des Weiblichen Systems werden wir ein anderes System kennen und verstehen lernen. Je mehr Systeme wir kennen, desto mehr Alternativen haben wir. Im Laufe der Zeit werden dann vielleicht neue – und bessere – Systeme, Modelle und Alternativen entstehen.

Die vier Mythen des WMS

Das WMS basiert auf vier Mythen, die es tragen, erhalten und zumindest theoretisch rechtfertigen. Diese Mythen sind schon so lange im Umlauf, daß sie den meisten Menschen gar nicht mehr bewußt sind. Viele würden deshalb die Existenz dieser Mythen schlechthin leugnen. Sie zu bezweifeln oder hinterfragen ist eben Ketzerei: Es sind heilige Kühe.

Der erste Mythos lautet: *Es gibt nur das WMS.* Die Überzeugung und Sichtweisen anderer Systeme – besonders die des Weiblichen Systems – gelten deshalb als krank, schlecht, verrückt, dumm, häßlich und unzulänglich.

Dieser Mythos ist in zweifacher Hinsicht zerstörerisch: Er verwehrt es den Frauen, ihre eigenen Fähigkeiten und Wahrnehmungen zu gebrauchen, und er verhindert, daß die Männer nach Alternativen suchen und von den Frauen lernen können.

Fast jede Frau hat schon mehr als einmal gehört: »Du hast keine Ahnung von der Realität.« Das soll heißen, daß nur die ›Weltschau‹ des WMS ›richtig‹ ist. Außerdem wird den Frauen immer wieder eingebleut, sie würden die ›Realität‹ nicht verstehen. Das WMS ist nicht *die* Realität, und Frauen können sehr wohl eine ganz andere, eigene Realität haben. Keine der beiden Sichtweisen ist richtig – keine ist absolut. Jede hat ihre Berechtigung. Wenn jedoch die eine Sichtweise zur einzig wahren Realität erhoben wird und die andere als krank, schlecht, verrückt, dumm usw. verworfen wird, dann hat niemand mehr die Freiheit, nach anderen Realitätsentwürfen zu suchen.

Es gibt vielleicht irgendwo die eine absolute Wirklichkeit, aber bis jetzt wurde noch nicht der Beweis erbracht, daß das WMS sie für sich beanspruchen kann. Wenn wir alle die Möglichkeit hätten, andere Wirklichkeiten zu suchen und zu erforschen, würden sich die Menschen sicher besser verstehen. Der Mythos von der einen und alleinigen Wahrheit ist das größte Hindernis auf der Suche nach Wahrheit.

Da das WMS so tief und fest davon überzeugt ist, daß es die Wahrheit für sich gepachtet hat, fehlt ihm das, was ich gerne ›die Theologie der Unterschiede‹ nenne. Wenn jemand so sicher ist, daß seine Sicht der Dinge allein richtig ist, dann muß er (oder sie) jede Meinungsverschiedenheit als Bedrohung empfinden. Dies führt zu einem geschlossenen System und einem starren Lebensmuster, wo alle Abweichungen verworfen, verurteilt oder zerstört werden müssen. Niemand darf den Unterschieden nachgehen oder sie als Chance für neues Wachstum nutzen. Denn ihr bloßes Dasein gefährdet den wichtigsten Mythos des WMS. Er lautet: Das WMS ist der richtige und einzige Weg zum wahren Leben, einen anderen gibt es nicht.

Der zweite Mythos lautet: Das *WMS ist absolut überlegen.* Hierbei ist anzumerken, daß der erste und zweite Mythos sich widersprechen. Wenn es nur das WMS gibt, wie oder wem ist es dann überlegen? Aber um diese Unlogik schert sich das WMS leider nicht.

In gewisser Weise hat das WMS also zugegeben, daß noch andere Wirklichkeiten existieren. Es bezeichnet sich als allem anderen überlegen und erhebt gleichzeitig den Anspruch, die einzige Wirklichkeit zu sein. Jeder, der diesem System nicht angehört, ist von vornherein minderwertig und untergeordnet – und das sind die Angehörigen aller anderen Rassen, die Frauen und die wenigen weißen Männer, die nicht in das WMS passen.

Angeborene Überlegenheit bzw. angeborene Unterlegenheit sind laut WMS Privilegien, die weder erworben noch veräußert werden können. Manche Männer würden gerne auf ihre Überlegenheit verzichten – sie ist oft eine zu schwere Last. Es ist einfach verflixt schwer, immer ›der Beste‹ sein zu müssen. Auch der Gesundheit ist es nicht gerade zuträglich. Überlegensein-Müssen kann tödlich sein.

Der dritte Mythos lautet: *Das WMS ist allwissend.* Hier liegt einer der Gründe, warum Frauen so oft Männer um Rat und Weisung fragen. Beide Geschlechter glauben fest daran, daß Männer alles wissen und alles wissen sollten. Während die zwei ersten Mythen sich diametral gegenüberstehen, kann dieser Mythos ohne weiteres von dem zweiten abgeleitet werden. Wenn einer absolut überlegen ist, dann ist er folglich auch allwissend.

Dieser Mythos hängt unmittelbar mit Rassen- und Geschlechtsstereotypen zusammen. Ein Stereotyp ist nichts anderes als eine Definition, die von einer Gruppe aufgestellt wird mit dem Ziel, eine andere zu beherrschen. All diese Stereotypen untermauern die Mythen des WMS.

Niemand wird die Tatsache leugnen, daß es in unserer Kultur nicht nur weiße Männer gibt. Schwarze, Amerikaner südamerikanischer und asiatischer Herkunft, Indianer und Frauen lassen sich nicht übersehen. Gerade weil sich ihre Systeme von dem der weißen Männer unterscheiden, muß das WMS diese irgendwie ›unterbringen‹. Folglich hat es Stereotypen entwickelt, die diese anderen Gruppen genauestens bestimmen und klassifizieren. So lange die Angehörigen der anderen Gruppen von diesen Stereotypen nicht abweichen, unterstützen sie die Illusion von der Allwissenheit des WMS. Wenn ›man(n)‹ Frauen das schwache Geschlecht nennt und die Frauen sich schwach geben, kann niemand diesen Mythos anzweifeln.

Als erste lehnten sich die Schwarzen gegen die Stereotypen des WMS auf. Sie begannen nach ihrer eigenen Art zu leben. Die anderen rassischen Gruppen und die Frauen haben dies bis zu einem gewissen Grad ebenfalls versucht, allerdings unter großen persönlichen Opfern und Risiken.

Der vierte und letzte Mythos des WMS heißt: *Es ist möglich, absolut logisch, rational und objektiv zu sein.* Das Problem dabei ist nur, daß man alles andere unterdrücken muß, d. h. man muß ständig gegen seine unlogischen, irrationalen, subjektiven oder intuitiven Gedanken und Verhaltensweisen ankämpfen und sie verleugnen.

WMS-Personen verwenden eine Menge Zeit und Energie darauf, den Frauen zu erklären, sie (die Frauen) seien von

Natur aus nicht logisch, nicht rational, nicht objektiv. Und das tun sie oft reichlich emotional!

Ich beriet einmal ein Paar mit Eheproblemen. Beide, Mann und Frau, führten ein eigenes, florierendes Geschäft. Der Mann klagte ständig, wie emotional seine Frau bei Meinungsverschiedenheiten sei – er hingegen sei die Logik und Vernunft selber. Um seine Behauptung zu beweisen, setzte er ein Opus von vierundzwanzig Seiten auf, in dem er die Dinge aus seiner Sicht darlegte. Er überreichte mir das Werk zu Beginn einer Sitzung und bat mich, es zu lesen. Bei seinem nächsten Besuch fragte er an, ob ich seinen Standpunkt begriffen hätte. Worauf ich antwortete, ich hätte das Ganze gelesen, es sorgfältig erwogen (sogar ge-wogen!) und sei zu dem Schluß gekommen, ein Opus von solchem Umfang und solcher Intensität müsse etwas höchst Emotionales sein!

Ein wesentlicher Teil der Psychologie befaßt sich mit dem Studium der individuellen Wahrnehmung: dem Phänomen, daß es bei der Beschreibung ein und desselben Vorgangs genau so viele Versionen wie Beobachter gibt. Der Mensch kann einfach nicht absolut logisch, rational und objektiv sein.

Der vierte Mythos – daß nämlich ein solches Verhalten möglich sei – ist eine gefährliche Falle für den Therapeuten (wie auch für den Klienten.) Wer diesen Mythos akzeptiert, der muß jede subjektive, intuitive Regung in sich unterdrücken. Die Therapie läuft dann in wohlabgemessenen, logischen Schritten ab, aber damit allein kann niemand vollkommen heil werden, denn viele wertvolle Daten und Informationen bleiben auf der Strecke.

Wer nach diesen Mythen lebt, führt ein sehr reduziertes Leben. Der Mythos, allwissend zu sein, kann nur aufrechterhalten werden, wenn man ganze Welten von Informationen außer acht läßt. Wer am Mythos seiner eigenen angeborenen Überlegenheit festhält, muß ständig die Augen verschließen vor den Vorzügen und Fähigkeiten der anderen.

Schon der Gedanke, diese Mythen könnten keine unumstößlichen Wahrheiten sein, läßt WMS-Personen schaudern. Diese Beobachtung habe ich immer wieder gemacht. Als ich einmal eine Vorlesung über dieses Thema vor einer Gruppe von Akademikern beiderlei Geschlechts hielt, bemerkte ich, daß ein Zuhörer immer unruhiger wurde. Als es ihn schließlich nicht mehr auf seinem Stuhl hielt und er am anderen Ende des Raumes erregt hin und her zu laufen begann, unterbrach ich meinen Vortrag und bat ihn, uns seine Gefühle mitzuteilen. »Wenn das, was Sie sagen, stimmt«, meinte er, »dann bin ich nur ein Stück Dreck.« »Hab' ich das wirklich gesagt?« fragte ich. »Erklären Sie sich doch deutlicher!« Und er sagte wortwörtlich: »Wenn es stimmt, daß ich nicht überlegen bin und nicht alles wissen und verstehen kann, dann bin ich nur ein Stück Dreck, *genau wie ihr anderen auch!*«

Seine Aussage deckt mehrere wichtige Fakten auf. Zunächst war da sein überwältigendes Bedürfnis, sich an seine Überlegenheit und Allwissenheit zu klammern. Außerdem hatte er ungeheure Angst, wertlos (wie die anderen!) zu sein – falls es sich nämlich herausstellen sollte, daß er nicht überlegen war. Eine andere Alternative gab es für ihn nicht. Hier zeigt sich das dem WMS zugrunde liegende dualistische Denken. Die Dinge können nur so oder anders sein: Man ist entweder überlegen oder unterlegen. Es gibt die oben oder die unten. Was für ein schreckliches Dilemma! Wie einschränkend und anstrengend, immer oben sein zu müssen, um ja nicht unten zu sein!

Seine Aussage läßt außerdem erkennen, daß seiner Meinung nach die Welt nur so sein kann, wie *er* sie sieht. Wäre sie plötzlich anders, so wäre das das Chaos. Es ist leicht zu verstehen, warum Männer so panisch darauf reagieren. Um dieser entsetzlichen Möglichkeit zu entgehen, muß sich das WMS um jeden Preis verteidigen, und es kann sich dabei nicht leisten, Alternativen auch nur zu erwägen.

Auch bei einem anderen Vortrag gab es heftige Reaktionen. Ein Akademiker meldete sich erregt zu Wort und erklärte: »Anne, wenn ihr jemals an die Macht kommt, werdet ihr mit uns das gleiche machen, was wir mit euch gemacht haben!« Was er damit eigentlich sagte, war natürlich, daß man Macht seiner Meinung nach nur so ausüben kann, wie es sein System tut: zu unterdrücken, zu verurteilen und zu stereotypisieren. Er war ein Gefangener seiner eigenen Mythen. Wir als Außenstehende begreifen nur schwer, wie fest verwurzelt diese Mythen in der Seele der weißen Männer sind und was für ein Schock es ist, wenn sie angezweifelt werden.

Das WMS hält seine Dogmen für allumfassend und allgemein gültig. Das Gegenteil ist jedoch der Fall. Dies wurde mir vor einigen Jahren klar, als ich in einem der südlichen US-Staaten einen Workshop über Rassenfragen hielt. Damals war die Bürgerrechtsbewegung der Schwarzen auf ihrem Höhepunkt, und die Schulbezirke mußten solche Workshops abhalten, um die öffentlichen Zuschüsse nicht zu gefährden.

Die Gruppe, mit der ich arbeitete, bestand etwa zur Hälfte aus Schwarzen und zur Hälfte aus Weißen. Keine Seite wollte das prekäre Gleichgewicht gefährden, das sie errichtet hatten, und ich wurde engagiert, weil man mich für vollkommen harmlos hielt.

Ich hatte mir eine ziemlich einfache Übung ausgedacht und wollte sie in der Gruppe ausprobieren, um einige Informationen zu erhalten. Ich bat die Teilnehmer, drei Spalten auf ein Papier zu zeichnen. In die erste Spalte sollten sie die Eigenschaften eintragen, die ihrer Meinung nach speziell für Schwarze typisch waren. Die 2. Spalte sollte die typischen Eigenschaften der Weißen enthalten, und in der 3. Spalte schließlich sollten sie die gemeinsamen Eigenschaften der beiden Gruppen auflisten.

Ich erklärte den Teilnehmern die Aufgabe, setzte mich hin und wartete. Nach einer Weile war die Angst im Raum schier zum Greifen, und ich beschloß, der Sache nachzugehen. Ich stellte fest, daß die Schwarzen genau das getan hatten, was ich gesagt hatte. Da sie das System der Schwarzen kannten, fiel es ihnen leicht, alles das aufzuschreiben, was sie für typisch bei ihrer Rasse hielten. Da sie auch das WMS kannten – gezwungenermaßen, sie mußten ja überleben –, konnten sie die typisch ›weißen‹ Eigenschaften ebenfalls angeben. Sie waren bereit, zur dritten Spalte überzugehen.

Die Weißen dagegen hatten große Schwierigkeiten, diese Übung zu machen. Sie kannten das System der Schwarzen nicht und konnten folglich die erste Spalte nicht ausfüllen. Da sie sich des WMS nicht bewußt waren (man muß erst mal reine Luft geatmet haben, bevor man dicke Luft bemerken kann), konnten sie auch die zweite Spalte nicht ausfüllen. Sie wurden immer unsicherer, und die meisten versuchten sich gleich an Spalte 3. Sie hatten beschlossen, die Unterschiede zwischen den beiden Systemen zu ignorieren (Motto: Vergessen wir die Unterschiede – Unterschiede trennen nur!), und konzentrierten sich statt dessen auf die Gemeinsamkeiten (Motto: Betonen wir lieber die Gemeinsamkeiten, die Erfahrungen der Schwarzen im WMS klammern wir mal aus!).

Außerdem fingen alle zu mogeln an – die typischen Schulsituation. Einer spickte beim andern. Als die Weißen sahen, daß die Schwarzen die beiden ersten Spalten ausfüllen konnten, wurden sie unruhig. (»Wie können die etwas wissen, was wir nicht wissen?«) Als die Schwarzen merkten, daß den Weißen keine Antworten für die beiden ersten Spalten eingefallen waren, fühlten sie sich preisgegeben. (»Wir Schwarze wissen zwar genau, daß die Weißen nicht alles wissen – aber das dürfen die ja nicht merken. Wenn die herausfinden, daß sie gar nicht überlegen sind und daß wir das auch noch wissen, stehen wir morgen auf der Straße!«)

Was die Gruppe erlebt hatte, war die Zerstörung eines Mythos. Die Weißen waren nicht überlegen und wußten nicht mehr als die Schwarzen. Ja, die Schwarzen wußten sogar mehr – gezwungenermaßen! Um im WMS zu überleben, hatten sie das WMS genau kennenlernen müssen. Da andererseits die Weißen es nicht nötig hatten, das System der Schwarzen zu kennen, hatten sie wenig oder gar nichts darüber in Erfahrung gebracht. Dies wäre nur möglich gewesen, wenn die Schwarzen es ihnen erklärt hätten. Das war jedoch nicht geschehen und würde wohl auch nie geschehen.

Beide Seiten fühlten sich nach dieser Übung am Ende. Die angeblich überlegenen und allwissenden Weißen hatten die Aufgaben nicht gelöst! Die Schwarzen versuchten zwar, den Mythos der weißen Überlegenheit und Allwissenheit zu stützen – sie wollten ja nicht ihre Jobs verlieren –, aber sie hatten die Fragen beantworten können! Es ist manchmal nicht leicht, daran zu denken, daß es das Dümmste sein kann, klug zu sein! Der Mythos besagt, die Weißen wüßten mehr. In Wahrheit wußten die Schwarzen mehr.

Es kann außerordentlich schwierig sein, einem weißen Mann ein anderes System nahezubringen. Selbst wenn er bereit ist, andere Wirklichkeiten kennenzulernen, muß er ständig gegen ein inneres, eingefleischtes Gefühl der Überlegenheit und Allwissenheit ankämpfen. Diese Mythen haben sehr tiefe Wurzeln im Mann, die sich nicht leicht ausreißen lassen. Es bedarf einer fast übermenschlichen Anstrengung und eines enormen Engagements auf beiden Seiten. Seit ich versuche, weißen Männern das Weibliche System zu erklären, kann ich ermessen, wieviel Zeit, Energie und Liebe sich meine schwarzen Freunde gegeben haben, um mir ihr System nahezubringen.

Alle vier WMS-Mythen lassen sich zu einem einzigen Kernsatz zusammenfassen, der zwar immer unausgesprochen bleibt, aber trotzdem präsent und real ist. Dieser Urmythos lautet: *Ihr werdet sein wie Gott.* Denn wenn das WMS das alleinige und einzige System ist, wenn weiße Männer von Natur aus überlegen und allwissend sind, und wenn sie absolut logisch, rational und objektiv sein können, dann sind sie Gott – zumindest so, wie sie sich Gott vorstellen.

Allerdings ist es nicht einfach, göttlich zu sein. Es kann sogar tödlich sein, wenn WMS-Personen ihre Menschlichkeit und Fehlbarkeit leugnen. Geist und Körper des Menschen sind solchem Streß und solcher Anstrengung nicht gewachsen. Weiße Männer, die es schließlich schaffen, den angestrebten hohen Status zu erreichen, leiden an Herzinfarkt, Schlaganfall, Magengeschwüren und hohem Blutdruck. Gottsein kann tödlich enden.

Religion, Mathematik und das WMS

Das WMS hat eine eigene Religion. Zwar bilden die vier großen Mythen und der Urmythos vom Gottsein des weißen Mannes den Kern dieser Religion, aber das ist noch lange nicht alles. Es gibt Priester für die Riten und es gibt Laien, die für das reibungslose Funktionieren des Systems verantwortlich sind. Die WMS-Religion ist die ›Wissenschaftliche Methode‹. Wenn man sich an die Glaubenssätze hält und den vorgeschriebenen

Riten und Regeln folgt, kann man *innerhalb des Systems* alles ›beweisen‹ oder ›verwerfen‹.

Wie die meisten Religionen versucht auch die ›Wissenschaftliche Methode‹ unsere Welt und unser Leben rational zu erklären. Ihr Ziel ist es, die Welt in uns und um uns zu verstehen. Allerdings geht sie weit über diese Ziele hinaus und kommt zu einer verblüffenden Schlußfolgerung. Sie lautet: *Man(n) kann das Universum beherrschen.* Die meisten anderen Religionen versuchen das Universum so zu verstehen, daß die Menschen harmonisch darin leben können – ein gutes Beispiel dafür sind die indianischen Religionen. Das WMS jedoch will nicht im Universum leben, sondern will es beherrschen!

Jedem von uns wurde irgendwann einmal in der Schule beigebracht, man könne alles messen: Man brauche nur zu wissen, welches Maß oder welche Hilfsmittel man im betreffenden Fall anzuwenden habe. Der Schlüssel zum Erfolg heißt ›Messen‹. Wer messen kann, kann vorhersagen. Wer vorhersagen kann, kann beherrschen. Wer beherrschen kann, ist Gott. Das WMS glaubt, es könne sich mit Spitzentechnologien und ausgefeilten Meßtechniken das Universum untertan machen.

Ein gutes Beispiel für diese Haltung ist das vollklimatisierte Einkaufszentrum. Nachdem man die Einwohnerstruktur, Kaufgewohnheiten, Einkommen eines Wohngebiets ›gemessen‹ hatte, wurden im ganzen Land unzählige solcher Einkaufszentren gebaut. Man kann Stunden darin verbringen, ohne irgendeine Änderung der Temperatur, Feuchtigkeit oder Tageszeit festzustellen. Einkaufszentren sind aber nur der Anfang. Heute ist es das Einkaufszentrum am Ort, morgen wird es das Universum sein! Ein Großteil der Forschungs- und Entwicklungsprojekte haben diese totale Kontrolle zum Ziel. Das WMS hat sich die ›Wissenschaftliche Methode‹ zu eigen gemacht und sie so überzogen, daß es sie für sein eigenes Ziel mißbrauchen kann: zu werden wie Gott.

Der ursprüngliche, säkulare Sinn der ›Wissenschaftlichen Methode‹ war Aufklärung. Sie bot dem Menschen die Freiheit, alles zu erforschen, und gab ihm das nötige Instrumentarium dazu. Das wird deutlich, wenn man das Leben großer Wissenschaftler der Vergangenheit anschaut. Seitdem jedoch die wissenschaftliche Methode vom WMS vereinnahmt wurde, hat sie sich radikal geändert. Heutzutage wird sie zur Unterstützung und Rechtfertigung der Mythen des WMS herangezogen. Als Mittel des Lernens und der Forschung hat sie ausgedient.

Viele der heutigen Wissenschaftler und Forscher – speziell aus dem Bereich der Sozialwissenschaften – benutzen die wissenschaftliche Methode, um ihre eigenen Überzeugungen und Vorurteile zu rechtfertigen. Viele Frauen und andere Minderheiten mißtrauen instinktiv diesen ›Erkenntnissen‹, und das mit gutem Grund. Es sind einfach Daten, die so interpretiert wurden, daß sie bestehende Vorurteile bestätigen. So ist es ein Mißbrauch der wissenschaftlichen Methode, wenn man blindlings an die Gültigkeit der Zahlen glaubt. Der Schlüssel zur wissenschaftlichen Methode heißt Messen, die Grundvoraussetzung für das Messen sind Zahlen. Der blinde Glaube an die Zahlen läßt uns häufig vergessen, daß sie nur Symbole sind. Zahlen sind nur Worte in einer fremden Sprache. So wie wir Französisch, Spanisch oder Serbokroatisch lernen können, ist es auch möglich, die Sprache der Zahlen zu lernen. Das bedeutet aber nicht, daß Zahlen etwas Magisches sind.

Viele von unseren Zeitgenossen haben einen Horror vor der Mathematik. Bei meiner Arbeit als Therapeutin hatte ich einige Klienten, die einfach keine Mathematik konnten. Ich war frappiert und beschloß, diesem Phänomen nachzugehen. Ich fand heraus, daß es keinem der betreffenden Klienten schwer fiel, mathematische Zahlen als Symbole anzunehmen, daß jedoch alle Schwierigkeiten beim Lösen von Rechenaufgaben hatten. Weiter stellte ich fest, daß es, was das mathematische Verständnis anbelangt, drei Gruppen gibt:

1. Leute, die keine Mathematik können,
2. Leute, die Rechenaufgaben spielend lösen können, und
3. Leute, die sich mit höherer Mathematik befassen, und theoretische Wissenschaftler.

Es ist interessant, daß Leute der 1. Gruppe nicht nur große Schwierigkeiten beim Rechnen haben, sondern auch nicht an die Realität oder Bedeutung von Zahlen glauben (obwohl ihnen das selten bewußt ist). Die zweite Gruppe, zu der viele Mathematiklehrer an Gymnasien und Hochschulen, Sozialwissenschaftler, Rechnungsprüfer, Ingenieure und andere praktische Wissenschaftler gehören, können zwar gern beteuern, Zahlen seien *nicht* real, in Wirklichkeit glauben sie es aber nicht und handeln dementsprechend.

Ein klassisches Beispiel für diese Diskrepanz zwischen Denken und Handeln sind die Psychologen. Sie lernen beispielsweise während ihrer Ausbildung, daß der Intelligenzquotient keine wirkliche Bedeutung hat, daß er nur innerhalb eines bestimmten Bereiches aussagekräftig ist und daß er im Grunde keine absolute Tatsache, sondern nur ein Indikator ist. Aber wie viele richten sich danach? Die allerwenigsten! Ein IQ von 125 ist doch immer besser als einer von 120, oder etwa nicht?

Leute der Gruppe 3 – und dazu gehören meistens Künstler, Musiker sowie Leute, die sich mit höherer Mathematik und theoretischer Wissenschaft befassen – haben keinerlei Schwierigkeiten im Umgang mit Zahlen, und sie verstehen durchaus, daß sie nur Symbole darstellen. Sie akzeptieren die Tatsache, daß Zahlen ihre Grenzen haben.

Nach meinen Beobachtungen verstehen sich die erste und dritte Gruppe sehr schnell, wenn sie Gruppe 2 umgehen. Gruppe 1 hat so ziemlich das gleiche Mathematikverständnis wie Gruppe 3, kann allerdings nicht rechnen. Mit Algebra dagegen kommt diese Gruppe ganz gut zurecht. Sie kann die algebraischen Begriffe verstehen und anwenden, empfindet Zahlen jedoch als störend. Zahlen kommen ihren Ideen in die Quere, und zwar meistens deshalb, weil die Leute der Gruppe 1 den durchaus berechtigten Verdacht haben, daß Zahlen eigentlich gar nicht wirklich sind. Kein Wunder, daß besonders Frauen einen Horror vor Mathematik haben.

Unsere Gesellschaft erstickt in Zahlen. Viele von uns haben das Gefühl, daß dabei unsere Identität auf der Strecke bleibt. Wir sind verloren ohne unsere Versicherungsnummern, Kreditkartennummern, Telefonnummern – wir sind bald nur noch Nummern. Im Umgang mit Zahlen verbringen wir viel mehr Arbeitszeit als im Umgang mit Menschen oder mit produktiver Tätigkeit.

Ich besuchte einmal einen Gottesdienst in einer Kleinstadt des amerikanischen Mittelwestens. Hinterher sagte ich dem Pfarrer, daß mir die Gebete und die Predigt sehr gefallen hätten. Er nickte und begann sofort einen Vortrag über die Zahl der Kirchgänger und die geringe Teilnahme am Abendmahlsgottesdienst während der Sommermonate. Ich hatte die Qualität und den Inhalt des Gottesdienstes angesprochen – und er reagierte darauf mit Zahlen!

Das WMS glaubt an die Zahl, denn auf ihr fußt seine Weltanschauung. Wenn Zahlen nicht real sind – wenn sie nur Symbole sind, die subjektiv interpretiert werden können, dann sind sie ungeeignet für das Messen, Vorhersagen und Beherrschen.

Ich möchte hier nochmals betonen, daß ich das WMS nicht für absolut schlecht oder das Weibliche System (das ich später beschreiben werde) für absolut gut halte. Jedes hat seine positiven und negativen Seiten. Jedes kann hilfreich oder hinderlich sein. Wichtig ist nur die Erkenntnis, daß beides Systeme sind und mehr nicht. Keines ist absolut. Das müssen wir begreifen. Tun wir das, dann erschließt sich uns plötzlich eine Fülle von Möglichkeiten, die wir zuvor nie vermutet hätten. Wirkliche Macht und Weisheit liegen in der Erkenntnis, daß wir die Freiheit der Wahl haben.

Ich habe das WMS beschrieben, indem ich seine Mythen und Glaubenssätze darlegte, um damit einen Ausgangspunkt für die weitere Diskussion zu haben. Wenn wir erkennen, daß das WMS nicht mehr ist als die Summe seiner Teile und daß diese Teile in Frage gestellt werden dürfen, können wir es auch ändern. Dann entdecken wir andere Wirklichkeiten als mögliche Alternativen und lernen, unseren eigenen Wahrnehmungen wieder zu vertrauen.

Eine solche andere Wirklichkeit ist das Weibliche System. Es zeigt sich in zweierlei Formen: Die eine ist lediglich reaktiv und dient dem Zweck, sich mit dem WMS zu arrangieren. Um dieses reaktive System zu überwinden, müssen wir unsere Erfahrungen mit uns selbst und dem WMS einander mitteilen. Damit werden wir zur Entwicklung eines neuen Weiblichen Systems beitragen. Es kann nur entstehen, wenn Frauen sich ihrer eigenen Sache bewußt werden und Selbstvertrauen gewinnen.

KAPITEL 2

Die Ursünde: Eine Frau zu sein

Die Frau – aus der Sicht der Frau

Als ich anfing, mich mit Frauenfragen zu beschäftigen, fiel mir als erstes auf, wie wenig wir einander mögen, wie wenig wir einander vertrauen. Das hörte ich ganz deutlich aus den Äußerungen, die zu Beginn vieler Wochenendseminare für Frauen regelmäßig fielen: »Wie überlebe ich ein ganzes Wochenende nur mit Frauen?« »Was, um Himmels willen, sollen wir die ganze Zeit machen?« »Worüber können wir denn überhaupt reden?« Andere Frauen kommen gleich zum springenden Punkt: »Nun ja, ich kann mir vielleicht vorstellen, ein ganzes Wochenende mit Frauen zu verbringen, aber wie soll dabei etwas herauskommen ohne einen männlichen Leiter?«

Da die Frauenbewegung allmählich akzeptiert und hoffähig geworden ist, wurden die Abneigung und das Mißtrauen gegenüber anderen Frauen subtiler, sind aber keineswegs verschwunden. Am meisten bekommen das die Frauen zu spüren, die sich in der Frauenbewegung profilieren. Man macht sie für fast alle Probleme der heutigen Frauen verantwortlich, man beschimpft sie und zieht sie durch den Schmutz.

In Auseinandersetzungen mit ihresgleichen sind Frauen nicht gerade zimperlich. Wir sind nicht voneinander abhängig, also warum auch? Dieser Mangel an Solidarität hat das Wachsen und Reifen eines Weiblichen Systems erheblich behindert. Das White Male System hat sich diese Tatsache zunutze gemacht, um das Weibliche System abzuwerten.

Wenn Frauen sagen: »Ich mag Frauen nicht, ich traue ihnen nicht«, dann sagen sie im Grunde: »Ich kann mich selbst nicht leiden.« Dies wiederum bedeutet: »Ich lehne alles Weibliche ab.«

Ich höre das in jeder Gruppe. Eine begabte Industriedesignerin, die noch nicht lange in der Frauenbewegung war, meinte: »Dies ist ja alles schön und gut, aber meiner Meinung nach sind tiefgründige, bedeutende Gespräche nur mit Männern möglich.« Andere Frauen sagen etwa: »Ich bin nicht wie andere Frauen« oder: »Meine besten und interessantesten Freunde sind Männer.« Als sie eine Radiosprecherin hörte, sagte einmal eine andere: »Frauenstimmen kann ich einfach nicht ausstehen!«

Wenn Frauen unter sich sind und offen ihre Meinung sagen, dann heißt das im Klartext: Wer als Frau geboren ist, ist von vornherein unterlegen, minderwertig – irgend etwas ›stimmt nicht‹.

Vor einigen Jahren hielt ich ein Wochenendseminar mit sehr fähigen und einflußreichen Frauen. Sie waren alle erfolgreich und in ihrem Fach hochangesehen. Sie schienen zuversichtlich und selbstsicher und waren ganz offensichtlich intelligent und begabt. Während des Wochenendes gestanden jedoch alle Frauen tiefe Minderwertigkeitsgefühle ein. Jede einzelne gab der Empfindung Ausdruck, daß irgend etwas mit ihr nicht stimme. Jede einzelne war überzeugt, sie habe irgendein Manko, sie sei von Geburt an ›gezeichnet‹, unzulänglich, nicht gut genug oder irgendwie wertlos. Und jede hatte einen bestimmten Mechanismus, diese Gefühle zu vertuschen.

Eine Frau schien die Verkörperung von Energie und Tüchtigkeit zu sein. Sie kam äußerst selbstsicher daher und schien durch nichts zu erschüttern. Sie übernahm viele Aufgaben, an die sich andere nicht heranwagten, und erledigte sie perfekt. Als sie sich bei einem Unfall schwere Schnittwunden zugezogen hatte, ging sie in die Klinik, ließ sich nähen und kehrte dann sofort zum Workshop zurück, um weiter mitzumachen.

Sie war jahrelang die einzige Frau in der Beratungsstelle einer Universität gewesen. Sie war nicht beamtet, und sie hatte keinen Doktortitel, doch die Studenten wählten sie jedes Jahr zur Vertrauensperson. Sie hatte Erfolg, sie war ein Sieger. Während des Workshops schaffte sie es, mich davon zu überzeugen, daß es Spaß macht, auf einem Floß durch den Grand Canyon zu fahren (was stimmte!), und daß man dabei vorne sitzen muß (»Wo was los ist«) – das sei der einzig sichere Platz, um die Stromschnellen zu durchqueren (was allerdings nicht stimmte!).

Fast die ganze Gruppe bewunderte und mochte diese Frau und hielt sie für den Inbegriff des Erfolgs. Sie hatte ›es geschafft‹. Und doch, als sie anfing, sich mit sich selbst und ihren persönlichen Problemen auseinanderzusetzen, zeigte sich auch bei ihr dieses Gefühl der Minderwertigkeit. Sie glaubte, immer energisch sein zu müssen, sonst würde sie ausgenutzt. Sie glaubte, man müsse für alles gewappnet sein, sonst stünde man hinterher mit leeren Händen da. Sie wirkte nach außen stark und selbstsicher, behielt aber ihre tiefe Traurigkeit für sich und konnte andere nicht um Hilfe bitten. Unter der harten Schale steckte ein ausgesprochen weicher und verletzlicher Mensch. Viel von ihrer zur Schau getragenen Stärke hatte sie sich anerzogen, um mit ihren tiefen Minderwertigkeitsgefühlen fertig zu werden.

Eine andere Frau in der Gruppe war Wissenschaftlerin. Sie war eine hervorragende Doktorandin, bekam in ihren Prüfungen und Arbeiten immer nur die besten Noten, und jeder hielt sie für außerordentlich begabt. Obwohl sie ihre Doktorarbeit noch nicht fertig hatte, waren ihr schon mehrere ausgezeichnete Stellen angeboten worden. Sie wurde von jedermann geachtet und hochgeschätzt. Je mehr sie sich jedoch der Gruppe öffnete, um so deutlicher wurde ihre panische Angst, sie könnte versagen. Alles, was sie tat, war ›nicht gut genug‹. Wenn sie sich nur noch mehr angestrengt hätte, wäre sie besser gewesen! Wenn sie sich nur länger mit der Sache befaßt oder mehr gelernt hätte, wäre sie weiter gekommen! Sie hatte sich eingeredet, daß nur absolute Perfektion in allem, was sie tat, ihren grundlegenden Mangel ausgleichen konnte: Sie war ja nur eine Frau.

Eine andere Teilnehmerin war bildschön. Ihre Frisur, ihre Kleidung, ihr Make-up waren immer tadellos. Sie war schick und attraktiv. Einige Frauen kannten sie schon länger und erzählten, sie stehe bei Cocktailparties immer im Mittelpunkt der Aufmerksamkeit, insbesondere der männlichen. Die anderen Frauen in der Gruppe beneideten, ja haßten sie, da sie immer die männliche Anerkennung und Beachtung fand, die sie selbst auch suchten. Ihrer Meinung nach stahl ihnen diese Frau so viel von der Aufmerksamkeit und Anerkennung der Männer, daß für sie nichts mehr abfiel.

Je länger diese Frau mit der Gruppe arbeitete, desto klarer zeigte es sich, daß auch sie sich wertlos und unsicher fühlte. Sie wußte, daß Männer sich von ihr angezogen fühlten, weil sie aufregend schön und verführerisch war, aber sie hatte keinen Beweis, daß sie sie *selbst* auch *mochten.* Was würde geschehen, wenn sie einmal ›verblühte‹? Sie deckte auch andere tiefverwurzelte Ängste auf. Hatte ihr Mann sie aus Liebe und Achtung geheiratet oder weil sie mit ihm vor der Ehe ins Bett gegangen war? Liebte und schätzte er wirklich sie selbst, oder war sie für ihn nur ein Statussymbol, mit dem er sich schmückte?

Sie hielt nicht viel von sich. Sie war überzeugt, daß sie ohne die Anerkennung und Beachtung der Männer nichts wert war. Wie alle anderen Frauen in der Gruppe spürte sie, daß sie irgendeinen grundlegenden Mangel hatte. Als sie ihre innersten Gefühle gezeigt hatte, brachte die Gruppe mehr Sympathie für sie auf und akzeptierte sie auch eher. Und so ging es weiter. Eine Frau nach der anderen legte ihre Maske von Sicherheit und hohem Selbstwertgefühl ab und bekannte, daß sie ein ganz fundamentales Gefühl der Unzulänglichkeit habe. Jede gab zu, daß sie angestrengt bemüht war, diese grundlegenden Minderwertigkeitsgefühle vor sich und anderen zu verbergen.

Bei der Arbeit mit diesen Frauen wurde mir plötzlich bewußt, daß sie alle den gleichen Kampf kämpften: Sie versuchten fertig zu werden mit der *Ursünde, als Frau geboren zu sein.* In unserer Kultur bedeutet das, daß man mit einem ›Makel‹ geboren wurde, daß etwas von Grund auf nicht in Ordnung ist. Man kann dies nie ändern, man ist von Geburt an minderwertig. Ich sage nicht, daß dies immer so bleiben muß, aber ich glaube, daß wir diesen Tatbestand kennen und verstehen müssen, bevor wir ihn verarbeiten und hinter uns lassen können.

Männliche Therapeuten oder Männer überhaupt verstehen nur schwer, was es heißt, von Geburt an unterlegen zu sein. Natürlich kämpfen auch Männer mit Minderwertigkeitskomplexen und niedrigem Selbstwertgefühl, aber sie fühlen sich schlecht, weil sie es nicht schaffen, immer überlegen zu sein. Sie können nicht verstehen, wie tief die Gefühle angeborener Unterlegenheit unser ganzes Sein durchdringen und wie allgegenwärtig sie sind. Eine Frau kann noch so selbstbewußt oder fähig sein, sie kämpft immer gegen diese ›Ursünde‹.

Das erinnert mich wieder an meine Erfahrungen während der Revolution der schwarzen Amerikaner. Wir Liberalen glaubten genau zu verstehen, was es heißt, diskriminiert zu sein. Wir bildeten uns ein, daß wir das Schicksal unserer schwarzen Freunde nachfühlen könnten. In Wahrheit konnten wir es aber nicht. Wir konnten niemals wirklich verstehen, wie es ist, als Schwarzer in einer weißen Kultur aufzuwachsen. Das gleiche gilt für die Frau im White Male System.

Wie bei der theologischen Definition der Erbsünde kann auch diese Sünde nicht durch gute Werke gesühnt werden. Frauen können sich selbst niemals die Sünde des Frauseins vergeben. Und wieviel Zeit und Energie sie auch darauf verwenden, es gibt kein gutes Werk, das uns erlösen kann.

Wie Frauen mit ihrer Ursünde zurechtkommen

Im Laufe der Jahre haben die Frauen eine ganze Reihe von Strategien entwickelt, um mit der ihnen verordneten Unterlegenheit zurechtzukommen. Viele dieser Strategien sind sehr erfinderisch, aber keine erfüllt den Zweck. So entwickeln zum Beispiel die meisten Frauen ein unglaublich gutes Gedächtnis für Details. Bei einem Ehestreit ist es meistens die Frau, die sich genau erinnert, was sie gesagt hat, was er gesagt hat, wie die Sache ablief, die Umstände und jede Gefühlsnuance, die er oder sie zu einem bestimmten Zeitpunkt des Streites hatten. Männer wenden sich oft an ihre Partnerin, wenn sie wissen wollen, was sie irgendeinmal gesagt haben, wann sie es gesagt haben und mit welchen Worten. Sie verlassen sich darauf, daß die Frauen sich an die Details erinnern.

Ich glaubte früher, Frauen hätten diese Fähigkeit entwickelt, um immer und überall recht haben zu können. Mit der Zeit kam ich dahinter, daß die Sache viel komplizierter ist. Was für den Mann lediglich eine Frage nach den Fakten ist, bedeutet für die Frau einen Kampf ums Überleben. Manchmal sah es so aus, als ob sie um ihre Seele kämpfen müsse – und so ist es auch!

Da wir Frauen mit so viel Mühe ein gutes Gedächtnis für Details entwickelten, können wir oft beweisen, daß wir in der einen oder anderen Sache im Recht sind. Aber leider ist das höchstens eine gewisse Entlastung. Die Frage, wer nun recht hat und wer nicht, ist vordergründig, dahinter steckt ein viel wesentlicheres, ernsteres Problem: Daß wir Frauen uns ständig im Unrecht fühlen.

Gut, wir mögen im Streit ›gewinnen‹, aber besser fühlen wir uns danach nicht. Wir können damit nicht beweisen, daß wir so, wie wir sind, ›richtig‹ sind, denn solange wir weiblichen Geschlechts sind, werden wir von vornherein als ›nicht richtig‹ eingestuft.

Es gibt Frauen, die ihre Absolution dadurch erzwingen wollen, daß sie die Güte in Person sind. Sie sind so überwältigend gut, daß sie einem auf die Nerven fallen und man ihnen am liebsten aus dem Weg geht! Diese Frauen haben den rührenden Glauben, sie müßten nur immer ganz lieb und gut sein, dann würden sie von ihrer Ursünde erlöst. Leider klappt das nie. Die anderen nutzen das nur aus, und unsere Minderwertigkeitsgefühle und Schuldkomplexe bleiben bestehen.

Sodann gibt es die Strategie der Fairneß. Frauen sind bekannt dafür. Wir versuchen, sogar dann fair zu sein, wenn das auf unsere Kosten geht. Wir versuchen, uns in allen Situationen und allen Leuten gegenüber fair zu verhalten. Man wirft uns vor, wir beklagten uns ständig, daß es auf der Welt nicht gerecht zuginge. Dies kommt sicher von unserem unerschütterlichen Glauben an eine höhere Gerechtigkeit. Es muß sie geben – wir müssen uns nur bemühen! Die meisten Frauen glauben, daß es diese Fairneß in unserem Rechtssystem gibt. Obwohl es offensichtlich nicht so ist, sind sie davon überzeugt, daß unsere Gesetze gerecht sind. Sie vergessen, daß auch die Gesetze vom WMS gemacht wurden, um seine Werte und Mythen abzusichern. Viele Frauen kommen vor dem Scheidungsrichter mit dem Gesetz in Konflikt. Sie treten vor den Familienrichter, sagen offen die Wahrheit und erwarten ein gerechtes Urteil. Wenn sie aber erst einmal hinreichend geschröpft und seelisch am Ende sind, dann verlieren auch sie ihren Glauben an eine höhere Gerechtigkeit.

Eine Freundin von mir, die Richterin ist, sagte einmal: »In manchen Fällen kann ich einfach nicht fair sein. Ich muß mich an das Gesetz halten. Ich kann versuchen, es großzügig auszulegen, aber mit unfairen Gesetzen kann ich keine fairen Urteile sprechen.«

Aber nicht nur Frauen sind Opfer dieses naiven Glaubens. Ich fuhr vor einigen Jahren durch Neu-Mexiko und nahm unterwegs einen Mann mit, dessen Wagen eine Panne hatte. Er studierte Jura und stammte aus einer alten spanischen Landbesitzerfamilie. Die Besitzverhältnisse in Neu-Mexiko waren damals ziemlich undurchsichtig, und er hatte sich in den Kopf gesetzt, wieder Recht und Ordnung zu schaffen. Dazu wollten er und mehrere andere Familien den Fall vor das Oberste Gericht bringen. Lange bevor Neu-Mexiko ein Staat der USA geworden war, hatten die USA mit Spanien einen Vertrag bezüglich dieses zugeteilten Landes geschlossen. Der Mann war zuversichtlich, daß der Oberste Gerichtshof die Lage verstehen und den Vertrag respektieren würde. Wie könnten die Vereinigten Staaten solch ein wichtiges Abkommen nicht einhalten? Würde sie das nicht in eine äußerst peinliche Lage bringen? Und wie ständen sie vor den anderen Nationen da? Er war fest davon überzeugt, er und seine Mitstreiter müßten nur dem Gericht die volle Wahrheit sagen, und dann müßten die obersten Richter einfach einsehen, wem das Land wirklich gehöre. Daraufhin fragte ich ihn, ob er in der letzten Zeit zufällig mit einem Indianer gesprochen hätte – die könnten ein Lied von solchen Sachen singen!

Die Rechtsprechung ist ein Spiel, und weiße Männer beherrschen es bestens. Schließlich haben sie die Regeln selbst gemacht!

Vor einigen Jahren fuhr eine Klientin von mir von einer politischen Versammlung nach Hause. Auf dem Heimweg wurde sie ohne ersichtlichen Grund von einem Polizisten angehalten. Allerdings zeigte der Aufkleber an ihrem Auto, daß sie zu einer politischen Partei gehörte, die der Polizei dieser Stadt nicht gerade genehm war, und in ihrer Wohngegend (die in ihrer rassischen und politischen Zusammensetzung ungewöhnlich war), hatte es bereits Hinweise auf Schikanen seitens der Polizei gegeben, die in Zusammenhang mit der politischen Kampagne gebraucht wurden. Meine Klientin war wütend, daß sie angehalten wurde, und wollte den Grund wissen, bevor sie ihren Führerschein zeigte. Worte und Handgreiflichkeiten folgten, sie wurde aus dem Auto gezerrt und in Handschellen zur Wache gebracht, wo man sie in eine Zelle einsperrte. Mittlerweile war sie so erbost, daß sie ihren Schuh auszog, ihn lautstark an dem Zellengitter entlangratterte und eine Schimpfkanonade losließ. Als ihr vorgehalten wurde, sie verhielte sich nicht standesgemäß (sie war hellhäutig und gehörte dem Mittelstand an), war ihre Antwort: »Oh doch, wir weißen Frauen können auch wütend sein.« Alles in allem war es eine ereignisreiche Nacht. Sie wurde in mehreren Punkten angeklagt und lernte wohl oder übel das Rechtssystem von innen kennen. Sie wollte zwar aufgrund ihrer feministischen Ideale einen weiblichen Rechtsanwalt nehmen, aber gewinnen wollte sie auch. Sie wählte deshalb einen mit allen Wassern gewaschenen männlichen Rechtsanwalt, der für seine Erfolge bekannt war. Als Freund hätte er ihr wahrscheinlich weniger gepaßt.

Auf dem Weg zum Gericht war sie nervös. Ihr Anwalt versicherte ihr jedoch, alles werde gutgehen, auch wenn es den Anschein habe, als ob der Staatsanwalt und die Polizei sie fertigmachen wollten. Er brachte etwas ins Gericht mit, was wie ein ziemlich großer Koffer aussah. Auf ihre Frage, was das sei, antwortete er: »Gerichtsaktentasche« und erklärte, daß dies seine psychologische Geheimwaffe sei. Er fülle sie immer mit Schriftsätzen, Gesetzesbüchern, Aktenordnern, Papieren usw. Dann schleppe er sie mit in den Gerichtssaal und breite den Inhalt auf dem Tisch aus (eine perfekte Show!). Mit diesem Trick habe er den Fall im allgemeinen gewonnen. Tatsächlich! Er gewann! Sie gewann! Die Hauptanklage wurde fallengelassen, und sie kam mit einer kleinen Geldbuße davon. So wurde der Justiz Genüge getan. Mit Gerechtigkeit hatte das nichts zu tun – ihr Anwalt wußte, wie man das Spiel spielt, um zu gewinnen.

Fairneß ist wichtig für den einzelnen und für die Gesellschaft. Die Fairneß der Frauen wird immer wieder ausgebeutet. Sie wird benutzt, um uns nicht hochkommen zu lassen, um unseren niederen Rang in der Gesellschaft zu erhalten. Wir können noch so fair sein – von der Ursünde des Frauseins können wir nie loskommen.

Andere Frauen versuchen im WMS zurechtzukommen, indem sie sich strikt an die geltenden Regeln halten. Sie lernen diese Regeln in- und auswendig und hoffen, wie die anderen zu werden und dann nicht mehr aufzufallen. Leider nutzt das genauso wenig.

Wenn ich Firmenberatung mache, frage ich immer zuerst die Frauen und die Minderheiten in der Gruppe nach den Organisationsabläufen ihres Unternehmens. Ich bin immer wieder beeindruckt, wie gut sie sie kennen. Das zählt aber offenbar nicht. Die Frauen und die Minderheiten bringen immer wieder die gleichen Klagen vor: Sobald sie glauben, die Spielregeln erkannt und verstanden zu haben, kommt jemand und ändert sie. Oder andersherum – sie haben schließlich die Regeln begriffen, da merken sie, daß die Männer sich gar nicht mehr daran halten. Da Männer die Regeln machen, nehmen sie sich auch das Recht, sie zu ändern oder zu brechen.

Andere Frauen entwickeln ein unglaubliches Verständnis für ihre Mitmenschen und versuchen, dadurch vom Makel des Frauseins loszukommen. Obwohl Männer wie auch Frauen glauben, Männer würden alles wissen und verstehen, versuchen wir Frauen, für alles Verständnis zu haben. Dies paßt gut zu unserer Liebe zum Detail. Wir sind ständig auf der Suche nach Informationen über Gott und die Welt und interessieren uns besonders für alles, was mit Beziehungen zu tun hat. Doch dieses Bedürfnis, alles zu verstehen, geht über einfache Neugier weit hinaus. Wir verstehen, warum dieses oder jenes geschehen ist, und wir vergeben. Von den Männern wird erwartet, daß sie alles wissen, alles verstehen. Und doch sagen die meisten Männer, daß sie sich am besten von Frauen verstanden fühlen und daß sie nur bei ihnen wahres Verständnis finden!

Ich war von diesem Phänomen fasziniert, da es den Mythen des WMS zu widersprechen schien, und nahm deshalb das

Wort ›under-stand‹ (= ver-stehen) unter die Lupe. Wenn man unten steht (= under-stand), dann tut man gut daran, jene zu verstehen, die oben stehen (›stand over‹), da sie ja die Macht und das Sagen haben. Wer oben steht, braucht sich nicht um Verständnis bemühen. ›Ver-stehen‹ (= under-stand) müssen nur die, die unten stehen (die ›Under-standers‹), wer oben steht (die ›Over-Standers‹), hat das nicht nötig. Sehr aufschlußreich, nicht wahr?

Was haben nun all diese weiblichen Strategien gebracht? Hatten wir jemals Erfolg mit unserem ausgezeichneten Gedächtnis, unserer Güte, unserer Fairneß, unserer Anpassung an die Regeln, unserem Verständnis? Eigentlich nicht. So wie es für den theologischen Begriff der Erbsünde keine Absolution durch gute Werke gibt, so gibt es sie auch im Fall der weiblichen Ursünde nicht. Immerhin wurde uns beigebracht, daß wir uns an einen Mittler wenden und ihn um Hilfe bitten können – d. h. wir können uns einen Fürsprecher suchen. Man hat uns gelehrt, wenn wir uns mit einem Mann verbinden, könnten wir Achtung und Rechtfertigung erfahren. Dann ginge es uns besser, und wir wären von unserer Ursünde befreit. Leider klappt es auch mit dieser Empfehlung meistens nicht, und unser Kampf gegen unser Minderwertigkeitsgefühl geht weiter.

Rückblick auf die ›Altmeister‹: Die Frau aus ihrer Sicht

Als ich mich immer mehr mit der Psychologie der Frau befaßte, las ich häufig in den Werken der ›Altmeister‹ – beispielsweise Sigmund Freud und Erik Erikson. Viele dieser Psychologen waren sehr scharfsinnige Beobachter und sollten als solche anerkannt werden. Ihr Verständnis der Frau war dagegen häufig recht unzulänglich. Sie konnten zwar Fakten sammeln, diese jedoch nicht analysieren und objektiv auswerten. Sie deuteten ihre Beobachtungen meistens falsch, da sie nur von ihrem eigenen Standpunkt ausgehen konnten.

Freud erkannte beispielsweise, daß Frauen die Männer beneiden – eine an sich ausgezeichnete Beobachtung. Aber *warum* beneiden sie sie? Weil, so schließt Freud, sie etwas nicht haben, was Männer haben, nämlich einen Penis. Freuds Penis war ungeheuer wichtig für ihn. Als er nun den Neid der Frauen erkannt hatte, nahm er an, sie beneideten den Mann um das, was er selbst am höchsten einschätzte.

Ich habe sehr wenig Frauen getroffen, die wirklich gerne einen Penis gehabt hätten. Im allgemeinen wollen Frauen den Penis genau da, wo er auch ist – nämlich am Mann.

Es ist etwas ganz anderes, um das wir die Männer beneiden: um ihre Vorrechte, d. h. die Macht und den Einfluß, die sie als Männer mitbekommen. Ein Mann mag weniger wissen oder können als eine Frau – er ist ihr gegenüber trotzdem im Vorteil: einfach weil er ein Mann ist. Es kommt gar nicht darauf an, ob sich die Männer dieses Privilegs bewußt sind. Die meisten haben es bereits mit der Muttermilch eingesogen. Das wissen wir Frauen, und dieses Bewußtsein bestimmt die Art und Weise, wie wir uns selbst, die Männer und die anderen Frauen wahrnehmen.

Erikson war ein scharfer Beobachter und ein brillanter Denker. Er stellte fest, daß Mädchen bzw. alle Frauen einen inneren Raum oder eine innere Leere zu spüren scheinen und daß ihre psychologische Orientierung auf diesen inneren Raum bezogen ist. Dies war an sich eine gute Beobachtung. Wie Freud interpretierte jedoch auch Erikson seine Fakten so, wie er sie als Mann und Angehöriger einer bestimmten Kultur sehen mußte.

Erikson lokalisierte diese Leere im unteren Bauchraum. Er glaubte, die Vagina und die Gebärmutter blieben leer, bis sie mit einem Penis oder einem Baby gefüllt würden. Erst dann erhielte die Frau ihre Identität, ihre Er-füllung.

Frauen kennen in der Tat diese innere Leere. Wir lokalisieren sie allerdings nie im unteren Bauchraum, sondern fast immer im Solarplexus. Wir haben unterschiedliche Wörter und Bezeichnungen dafür: Loch, Grube, Leere, ›Schwarzes‹ Loch, Höhle. Es ist uns unheimlich, und wir fühlen uns dort verletzlich. In neuen, unvertrauten oder bedrohlichen Situationen kreuzen wir oft die Arme über dem Solarplexus, unserer Höhle. Es gibt auch typisch weibliche Körperhaltungen, bei denen dieser Bereich in den Körper ›einsinkt‹, und somit geschützt ist. Fettpolster sind oft auch ein Schutz.

Unsere Identität und Ganzheit haben etwas mit unserer Höhle zu tun, aber nichts mit Penissen und Babys. Sie hängen vielmehr mit der Tatsache zusammen, daß wir erst die Töchter unserer Väter sind, später die Frauen unserer Ehemänner und schließlich die Mütter unserer Söhne. Sie hängen mit der Erbsünde des Frauseins und mit unserem Bedürfnis, außerhalb unseres Selbst nach Anerkennung und Bestätigung zu suchen, zusammen. Wenn wir uns jedoch anschicken, unsere eigene Identität zu entwickeln, wird unsere Höhle kleiner.

In dieser Höhle bergen wir unseren Makel des Frauseins. Wir spüren sie immer und möchten sie gerne verkleinern und ausfüllen. Das ist sicher der Grund, warum so viele Frauen übermäßig essen und trinken.

Ich habe beobachtet, daß viele Frauen in Gruppen entweder die Hand auf diesen Bereich legen, oder sich nach vorne neigen, um ihn zu schützen. Wenn eine Frau ihre eigene innere Identität entwickelt, verkleinert sich ihre Höhle und heilt. Sie kann jedoch sehr leicht wieder aufgerissen werden – das passiert sehr häufig dann, wenn eine Frau sich mit dem Ende einer wichtigen Beziehung auseinandersetzen muß, durch die sie Anerkennung und Bestätigung erfahren hat. Es geschieht auch dann, wenn etwas in ihrem Leben schiefgeht. Man hat dabei ein Gefühl wie an dem höchsten Punkt der Achterbahn, wenn der Boden plötzlich unter einem wegfällt und man ins Leere stürzt.

Ich hielt einmal einen Vortrag an einer bekannten Universität des amerikanischen Ostens, und die Zuhörerinnen waren von der ›Höhlen‹-Theorie sehr angetan. Sie bestätigten das Vorhandensein dieser Höhle, und eine von ihnen sagte: »Okay, es stimmt, ich habe diese Leere. Jetzt sagen Sie mir aber, wie ich sie loswerde, und zwar ein für allemal.« Ich erklärte ihr, dieses Gefühl einer Höhle sei eine grundlegende Erfahrung, die jede Frau in unserer Kultur mache – ich hätte noch keine Frau getroffen, die dieses Gefühl völlig losgeworden sei. Es gibt viele Frauen, die eine solche innere Identität entwickeln, die sich ›er-füllt‹ fühlen und über längere Zeit hinaus diese Höhle kaum oder gar nicht spüren. Sobald aber irgend etwas Wichtiges in ihrem Leben schiefgeht, sind sie sich dieser Höhle sofort wieder bewußt. Sie ist vielleicht kleiner und das Gefühl der inneren Leere weniger intensiv als vorher, aber sie ist trotzdem noch in ihrem Solarplexus vorhanden.

Eine Gruppenteilnehmerin war ständig bei den Weight Watchers. Sogar während der Therapie knabberte sie unentwegt an Sellerie- und Möhrenstückchen. Nachdem sie einige Zeit in der Gruppe war und ganz offensichtlich mehr zu sich gefunden hatte, begann sie sich zu verändern. Eines Abends machte sie eine erstaunliche Aussage: Sie fühle sich satt. Sie schien sich von innen her zu füllen. Sie hatte kein Hungergefühl mehr. Die anderen Gruppenteilnehmer lächelten wissend. Sie kannten sie und wußten, was sie fühlte. Sie hatten beobachtet, wie sie allmählich zu sich selber fand.

Einmal nahm eine Nonne an einem meiner Workshops teil und hatte sehr intensiv mit ihrer ›Höhle‹ gearbeitet – so nannte sie das mit Vorliebe. Gegen Ende des Workshops brachte sie folgendes Wortspiel: »My hole is my wholeness. My wholeness is my hole. Without my hole I would never have my wholeness.« (Meine Höhle ist meine Ganzheit. Meine Ganzheit ist meine Höhle. Meine ›Höhle‹ gehört zu meinem Wesen.)

Durch sie kam ich zu einem tieferen Verständnis dessen, was die ›Höhle‹ eigentlich ist. Mir wurde klar, daß dieses Höhlengefühl das beste Gleichnis dafür ist, wie sich eine Frau im WMS fühlt. Wir können nur wachsen, wenn wir dies erkennen und akzeptieren. Wenn wir unsere Identität gefunden haben, sind wir am Anfang des Weges. Wir müssen uns bewußt werden, welche Kräfte da wirken – in uns und in unserer Umwelt.

Immer wenn ich die Probleme zwischen Weißen und Schwarzen verallgemeinern wollte, sagten meine schwarzen Freunde: »Nun laß mir mein Schwarzsein. So *bin* ich doch.« Ein Schwarzer macht im WMS ganz bestimmte Erfahrungen. Das geht gar nicht anders – und mit den Frauen in diesem System ist es ebenso. Das zu akzeptieren ist ein wesentlicher Teil unserer Selbstfindung.

Viele Frauen glauben, sie wären nicht ›voll-ständig‹, wenn sie nicht einen Mann hätten. Wir erwarten von den Männern, daß sie uns er-füllen. Gelingt das nicht, geben wir uns selbst die Schuld und fühlen uns noch schlechter. Manche Frauen finden den Status einer geschiedenen Frau besser als den der alleinstehenden. Für sie ist es besser, wenigstens eine Zeitlang einen Mann gehabt zu haben, als überhaupt nicht.

Frauen haben oft schreckliche Angst vor dem Alleinsein. Um zu überleben, glauben sie einen Mann haben zu müssen. Sie verstehen nicht, daß sie selbst in der größten Einsamkeit jemanden bei sich haben – sich selbst.

Denken Sie daran, daß wir in dem Konzept der Ursünde nur durch die Hilfe und Fürsprache eines Vermittlers ›gerettet‹ werden können. Man hat uns beigebracht, daß wir nur dann ganz ›richtig‹ sind, wenn wir uns mit einem überlegenen Wesen, einem Mann, zusammentun, der für uns eintritt. Dann können wir uns wieder gut fühlen. Wir sind von der Ursünde losgesprochen. Das bedeutet natürlich, daß wir andere Frauen als Konkurrentinnen um die Bonbons: ›männliche Anerkennung und Bestätigung‹ erleben. Männer unterstützen diese Auffassung, indem sie bewußt Situationen herbeiführen, die auf einen Kampf um den Mann und seine Aufmerksamkeit hinauslaufen.

Frauen beklagen sich oft – und zu Recht –, sie seien nur Sexobjekte. Wir mögen es nicht, wenn Männer nur an unserem Körper interessiert sind. Das beleidigt und ärgert uns. Wir übersehen dabei, daß es für die Männer genauso destruktiv ist, wenn sie nur als Heirats- und Bestätigungsobjekte angesehen werden. Da wir glauben, nur die Verbindung mit einem Mann könne uns erlösen, versuchen wir mit allen Mitteln, ›einen zu angeln‹. Für viele Frauen ist es nicht einmal wichtig, den Mann zu kennen, den sie heiraten. Manche fühlen vielleicht, es sei besser, ihn nicht so genau zu kennen – und haben damit vielleicht nicht einmal so unrecht. Ich kenne Frauen, die auch dann noch an ihrer Ehe festhielten, als der Mann ganz woanders wohnte und ihnen weder finanzielle noch emotionale Unterstützung gab. Ist dies etwa weniger destruktiv als der Mißbrauch eines Menschen als Sexobjekt? *Viel zu häufig machen Männer und Frauen einander zum Objekt.*

Viele Frauen strengen sich sehr an, jederzeit das ›Richtige‹ zu tun. Sie lernen nette Männer kennen, heiraten und haben reizende Kinder (wobei Jungen besonders wichtig sind). Sie widmen sich ganz der Familie und dem Haushalt und fühlen sich immer noch unglücklich. Sie suchen dann den Fehler bei sich: »Ich habe alles getan, was die Gesellschaft von mir erwartet«, sagen sie sich im stillen, »aber von dem Makel des Frauseins bin ich immer noch nicht losgekommen. Irgend etwas muß mit mir nicht stimmen.« Nur wenig Frauen stellen das System, die Gesellschaft selbst in Frage, die ihnen einzureden versucht, das Heil und die Rettung kämen ausschließlich durch männliche Wertschätzung und Anerkennung.

Ohne daß wir es wissen, spielen viele von uns eines der tödlichsten und doch beliebtesten Mann/Frau-Spiele. Wir stellen die Männer auf einen Sockel, weil wir sie für unsere Erlösung brauchen. Gleichzeitig hassen wir ihre übergeordnete Position und möchten zu gerne daran rütteln. Mit allen Mitteln versuchen wir uns und ihnen zu beweisen, daß auch sie nur Menschen sind und keineswegs über-legen. Wenn sie dann von ihrem Sockel stürzen, geraten wir in Panik! Denn – wenn Männer *nicht* überlegen sind, wer kann uns dann erlösen?

An diesem Punkt wird das Spiel höchst kompliziert. Nachdem wir die Männer zu Fall gebracht haben, versuchen wir nämlich, ihnen wieder hinaufzuhelfen. Manche von uns nehmen eilends wieder das WMS und die vorgeschriebene Frauenrolle als alleinige Wahrheit an. Wir werden wieder ›durch und durch‹ Frau. Wir helfen den Männern auf ihr Podest zurück, und dann mißfällt es uns wieder, daß sie da oben sind. Die meisten Männer merken erst hinterher, was da gespielt wird. Sie spüren allerdings ein gewisses Unbehagen. In der Therapie verglichen manche Männer dieses Gefühl mit dem Fahren in einem Aufzug. Sie er-fahren ein ständiges Auf und Ab in der Beziehung mit Frauen, ohne den Grund dafür zu wissen. Die Beziehung wird immer schlechter und endet in gegenseitiger Unaufrichtigkeit und Manipulation.

Viele Frauen können gar nicht ohne diese destruktiven Spiele leben. Da wir in einer uns fremden Wirklichkeit aufwachsen – in einem System, das angeblich immer ›richtig‹ ist –, neigen wir dazu, unseren Wahrnehmungen zu mißtrauen, wenn sie nicht mit dem WMS konform gehen. Immer wenn wir andere Wahrnehmungen haben, andere Wirklichkeiten zu erforschen versuchen, werden wir für krank, schlecht, verrückt, dumm, häßlich oder unfähig erklärt. Und immer, wenn wir das von unserer Umgebung zu hören bekommen, ziehen wir uns in uns zurück und flüchten.

Alle Frauen, die ich traf, haben sich zu einer dieser Ängste bekannt: etwa der Angst, krank, schlecht, verrückt, dumm usw. zu sein. Lieber sind wir das, als daß wir zu unseren eigenen gesunden Wahrnehmungen stehen. Es muß uns nur einer zu verstehen geben, daß wir ›wirklich völlig schief liegen‹ oder ›die Dinge einfach nicht verstehen‹ – gleich schieben wir unsere eigenen Wahrnehmungen beiseite und versuchen zu beweisen, daß wir doch alles so sehen wie jeder-man(n) –, sei es denn, wir haben unsere Höhle erfolgreich bearbeitet. Häufig verleugnen Frauen auch ihre Sicht der Dinge und ihre eigenen Werte, um vom Mann Bestätigung und Anerkennung zu erhalten. Wir wollen nicht wahrhaben, daß das, was uns geschieht, uns geschieht, weil wir Frauen sind. Statt dessen schieben wir die Schuld an unserem Unerfülltsein und Unglück auf irgendeinen Charaktermangel. Wir reden uns ein, wir seien nicht verständnisvoll genug, nicht intelligent, hübsch, geistreich oder gut genug. Manche von uns entwickeln ein Leben lang Entschuldigungen, um unsere Erfahrungen zu erklären und zu interpretieren.

Jahrelang führte ich meine eigenen negativen Erfahrungen auf mein ›abstoßendes Wesen‹ zurück. Ich leitete einmal eine staatliche psychologische Beratungsstelle, und man erwartete von mir, daß ich ab und zu den anderen Mitarbeitern einen Vortrag hielt über mir wichtig erscheinende Dinge. Ich versuchte damals, meine Ideen offen und ehrlich darzulegen und zerbrach mir jedesmal den Kopf, warum meine Vorschläge total übergangen wurden. Wurden sie jedoch kurze Zeit danach von einem Mann verkündet, so nahm man sie eifrig auf. Ich fragte mich damals, warum mir niemand zuhörte, und kam zu dem Schluß, es müsse wohl an meinem ›abstoßenden Wesen‹ liegen. Wäre ich doch bloß diplomatischer!

Das war meine Meinung über mich, bevor ich mit der Frauenbewegung in Kontakt kam. Als ich mich dann mit Frauenfragen befaßte, wurde mir sehr schnell klar, was ich mir da antat. Ich versuchte herauszufinden, inwieweit mein Mangel an Erfolg wirklich mit meinem ›abstoßenden Charakter‹ zusammenhing und wieviel ganz einfach mit der Tatsache, daß ich eine Frau war. Ich stellte fest, daß etwa 90% meiner Erfahrungen in Beruf und Privatleben auf das Konto ›Frau‹ gingen und nicht auf mich als Individuum. Ich bekam nur, was mir in diesem System zustand. Wir alle haben unsere Lieblingsausreden parat. Manchmal sind unsere Entschuldigungen ziemlich einfältig; etwa: »Vielleicht hören sie mir nicht zu, weil ich dicke Beine habe.«

Kein Wunder, daß wir uns als Außenseiter fühlen. Kein Wunder, daß wir uns entfremdet vorkommen – von uns selbst und von anderen Frauen. Von klein auf bringt man uns bei, daß wir nicht dazugehören, daß wir niemals in die Gruppe der Insider aufgenommen werden. Wir stehen immer draußen vor der Tür. Oft glauben wir, andere Frauen hätten es ›gepackt‹, nur wir nicht. Ich habe schon viele Frauen erlebt, die in der Gruppe ganz zögernd über ihre Entfremdungsgefühle gesprochen haben. Sie waren fest davon überzeugt, sie allein hätten diese Gefühle. Sie sind ganz überrascht, wenn auch andere Gruppenteilnehmerinnen diese Gefühle äußern. Wir haben uns voneinander entfremdet, und dies hat uns blind gemacht für unsere gemeinsamen Erfahrungen.

Da wir uns in einer so unsicheren Position fühlen, haben wir gelernt zu lügen. Wir belügen Männer und andere Frauen, doch am meisten belügen wir uns selbst. Wir lügen über uns, unsere Wünsche, unsere Bedürfnisse. Wir haben das Gefühl, uns durch das Lügen einen kleinen Freiraum zu verschaffen, aber in Wirklichkeit treibt das uns noch mehr in die Isolation und verstärkt nur unser Gefühl, ein Außenseiter zu sein. Wenn wir anfangen, aufrichtig mit uns und anderen Frauen zu sein, dann verschwindet dieses Gefühl der Isolation. Unsere ›Höhle‹ wird kleiner und die Leere verschwindet.

Oft erfüllen Frauen die Erwartungen des WMS, um Anerkennung zu bekommen. Die meisten wählen dabei eine der beiden folgenden Verhaltensweisen: Sie versuchen entweder, dem

Idealbild des WMS von der ›richtigen‹ Frau zu entsprechen, oder sie versuchen, ›wie ein Mann‹ zu sein. Letzteres ist typisch für berufstätige Frauen. Ich kann mich an eine Zeit in meinem Leben erinnern, als man mir kein schöneres Kompliment machen konnte als ›Du denkst wie ein Mann‹. Natürlich dachte ich wie ein Mann! Ich hatte schließlich das WMS in- und auswendig gelernt – aber könnte ein Mann wie eine Frau denken?

Viele Frauen glauben, sie könnten nur erfolgreich sein, wenn sie sich wie Männer geben und diese mit ihren eigenen Waffen schlagen. Manche Frauen verfechten die Prinzipien des WMS weitaus dogmatischer als selbst Männer es tun. Diese Taktik kann jedoch zum Bumerang werden, denn die erfolgreiche Frau wird bestraft. Wir versuchen, unsere Intelligenz zu zeigen – aber dies darf nie zu einer Bedrohung des Mannes werden. Wir versuchen, tüchtig zu sein – aber unsere Tätigkeit darf die des Mannes nie in den Schatten stellen.

Manche Leute glauben, durch die Frauenbewegung gäbe es mehr Chancengleichheit der Geschlechter, doch da irren sie sich. Männer können uns vielleicht nicht mehr offen ins Gesicht sagen, wir seien weder intelligent noch fähig oder erfolgreich, aber da gibt es subtilere Methoden. Wenn wir uns schon nicht wie ›richtige‹ Frauen benehmen können, dann sollten wir gefälligst versuchen, uns wie Männer zu benehmen. Es gibt viele florierende Unternehmen, deren einziges Ziel es ist, Frauen auf eine Karriere im Berufsleben zu trimmen. Ihr Geschäftsprogramm ist nicht viel mehr als eine Variation des alten Themas: Warum kann eine Frau nicht sein wie ein Mann? Also versuchen wir es, und zwar mit allen uns zur Verfügung stehenden Mitteln: Wir tragen Schneiderkostüme und achten darauf, daß unsere Kleidung nicht den Busen betont! Wir schleppen Aktentaschen mit uns herum und lernen, uns durchzusetzen. Irgendwann jedoch werden wir mit dem alten Slogan konfrontiert: Wir sind gleich, aber manche sind gleicher als die anderen. Wir müssen uns den Normen und Regeln des WMS anpassen, dürfen jedoch nie für Arbeitskollegen und Vorgesetzte zur Konkurrenz werden.

Irgendwann einmal müssen die Frauen auch zu der Überzeugung gekommen sein, alle erfolgreichen Männer hätten es ›aus eigener Kraft‹ geschafft. Sie vergessen dabei, daß es immer ›Alte Herren‹ und Gönner gegeben hat. Die Frauen setzen es sich also in den Kopf, es ebenfalls allein zu schaffen. Ich nenne dies den ›Invictus-Mythos‹ (Motto: Komme was mag, ich laß mich nicht kleinkriegen). Wir glauben, es sei irgendwie unehrenhaft, um Hilfe zu bitten oder sich mit anderen Frauen zu solidarisieren. Wir denken, das könne nur als Schwäche ausgelegt werden – und kein Mann würde das jemals tun! Und überhaupt, was würde es bringen, eine Frau um Hilfe zu bitten!

Viele Frauen gehen dabei noch einen Schritt weiter. Da wir zu Mißtrauen und gegenseitiger Ablehnung erzogen werden, fällt es uns oft schwer, eine andere Frau gelten zu lassen oder gar zu unterstützen. Aber damit nicht genug. Wir machen uns daran, unsere Konkurrentinnen aus dem Feld zu schlagen. Manche glauben nämlich, es gäbe nur wenig Chefsessel für erfolgreiche Frauen, und deshalb sei es angebracht, Mitbewerberinnen die Karrierleiter herunterzuwerfen oder sie besser gar nicht erst aufsteigen zu lassen. Wenn unsere Selbstbestätigung und unser Selbstwertgefühl davon abhängen, daß wir eben nicht zu den anderen (minderwertigen) Frauen gehören, dann ist es absolut notwendig, eine der wenigen erfolgreichen Frauen in der überlegenen Welt der Männer zu sein. Diesen Erfolgszwang nenne ich das ›Bienenkönigin-Syndrom‹. Es erklärt zumindest teilweise, warum sich viele hervor-ragende Frauen von der Frauenbewegung distanzieren. Wir weigern uns, die Leistungen der Frauen anzuerkennen, die vor uns für die Sache der Frau gekämpft haben – erst ihre Pionierarbeit hat den heutigen Frauen eine bessere Bezahlung, mehr soziales Ansehen und leitende Posten möglich gemacht. »Ich habe es aus eigener Kraft geschafft, also kannst du es auch!« »Worüber beklagst du dich? Wo ein Wille ist, ist auch ein Weg!« Auch hier wieder die alte Mär: Dem Tüchtigen gehört die Welt – wärst du was, hätt'st du was!

Frauen, die sich dem WMS anpassen, setzen Macht – wenn sie sie einmal haben – so ein wie die Männer: im erbarmungslosen Kampf gegen andere Frauen. Wir Frauen haben leider gelernt, unsere eigene Weiblichkeit zu verleugnen und zu verachten.

Umgang mit Wut

Es ist ein offenes Geheimnis, daß viele Frauen ungeheuer viel Wut in sich haben. Kein Mensch ist gerne zweitklassig – weder die Schwarzen noch die Lateinamerikaner noch die Frauen.

Ich habe schon erwähnt, welche Bedeutung Fairneß für die Frau hat. Wir müssen an die Fairneß des WMS glauben, sonst sehen wir keine Hoffnung mehr für uns. Nun ist es natürlich alles andere als fair, wenn man schon von Geburt an aufgrund seines Geschlechts als minderwertig gilt. Dies ist eine der Hauptursachen weiblicher Wut.

Damit verbunden – und ebenfalls Wutgefühle erzeugend – ist der in unserer Zivilisation weit verbreitete Mythos, eine Frau müsse nur all die richtigen Dinge tun, gut sein und geduldig leiden, dann würde sie schon ihr Glück finden. Nun ist es leider so, daß wir uns auch nach Befolgen all dieser Vorschriften ausgesprochen mies fühlen! Wir kreuzen unsere Arme schützend über unserem Solarplexus, unserer Höhle, und stöhnen in uns hinein.

Wenn sie erst anfangen, ihre Wut zu spüren und sich mit ihr auseinanderzusetzen, dann klagen viele Frauen die Mütter an. »Warum hat sie mir nichts gesagt? Sie muß doch gewußt haben, was da läuft. Warum hat sie es mir verschwiegen?« Man hat uns hinters Licht geführt!

Irgendwann im Laufe ihres Lebens machen die meisten Frauen die erstaunliche Entdeckung, daß jene überlegenen männlichen Wesen, die uns von unserem Frau- und Minderwertigsein erlösen sollen, in Wirklichkeit gar nicht überlegen sind. Sie sind Menschen wie du und ich. Schon wieder wurden wir hereingelegt! Männer können noch nicht einmal für sich selbst sorgen – wie sollen wir also darauf vertrauen, daß sie für uns sorgen können? Wohin wenden wir uns, wenn sie uns nicht erlösen oder für uns eintreten? Die Menschlichkeit der Männer ängstigt uns, und wir hassen sie dafür.

Die meisten Frauen gestehen sich das nie ein. Sie bilden sich ein, irgendwo auf der Welt müsse es den vollkommenen Mann geben – sie müßten ihn nur finden! Sie geben ihren Ehemännern den Laufpaß und begeben sich auf die Suche nach dem

›wahren‹ Mann. Es gibt Frauen, die mehrere Beziehungen und Ehen ausprobieren, bevor sie schließlich einsehen, daß die Jagd nach dem überlegenen Mann vergebliche Liebesmüh' ist. Viele Männer versuchen zwar, ihr Image der Überlegenheit aufrechtzuerhalten, bleiben jedoch dabei – glücklicherweise – ziemlich menschlich.

Als nächstes kommt vielleicht die Phase, daß wir unsere Gesellschaft selbst in Frage stellen – sie hat uns schließlich beigebracht, wir würden durch die Verbindung mit einem Mann von unserem Makel des Frauseins erlöst. Auch das erzeugt Wutgefühle.

Die Frage ist daher nicht, ob Frauen wütend sind, sondern wie sie mit ihrer Wut umgehen. Bei meiner Arbeit mit Frauen habe ich entdeckt, daß wir unsere Wut auf verschiedene Weise kanalisieren.

Zunächst ist da einmal die supertüchtige Frau. Indem sie in allem, was sie anpackt, die Beste ist, erreicht sie zweierlei: Sie überwindet ihre unterlegene Position und erhebt sich über die anderen. Sie setzt ihre Fähigkeiten als Waffe ein. Sie möchte mit den anderen Frauen nichts mehr zu tun haben. Sie hat es geschafft und hat kein Interesse, sich in der Frauenbewegung zu engagieren. Ihrer Meinung nach werden die Frauen nicht unterdrückt – ist sie nicht der lebendige Beweis dafür? Sie hat sich aus eigener Kraft hochgearbeitet – sollen das doch auch die anderen tun! Meistens ist sie ein wahrer Einpeitscher (Ich sage es absichtlich so kraß). Sie treibt sich selbst und alle anderen an und denkt, daß sie ihre Wut mit Machtausübung kompensieren könnte. Sie ist deshalb für Männer und Frauen ein Greuel.

Dann ist da die Verführerische. Sie ist ungewöhnlich hübsch, gibt sich alle Mühe, ihre schlanke Linie zu bewahren und zieht sich immer exquisit an. Sie benutzt ihren Sex, um die Männer anzuziehen und andere Frauen auszustechen. Ihre Macht entspringt dem Bewußtsein, daß sie mit ihrem Sex die Männer beherrschen kann, und sie benutzt diese Macht mit Genugtuung und Grausamkeit. Was kann schon befriedigender sein, als einen Penis zum Stehen zu bringen – und dann nichts damit zu tun?

Sodann gibt es das Weibchen. Sie ist ausgesprochen passiv und träge und gibt den Männern immer nach, weil sie viel klüger und stärker sind. Sie tut alles, um das verletzliche männliche Ego zu schützen. Ihre Schwäche ist ihre Macht, und sie benutzt sie, um die Männer abhängig zu machen, indem sie ihre Männlichkeit bestätigt. Sie macht die Männer zu abhängigen Opfern, die ohne sie nicht leben können (sie sorgt schon dafür!).

Weiter gibt es da die tablettensüchtige oder übergewichtige Frau. Sie entlädt ihre Wut, indem sie sich und ihren Körper mißbraucht. Außerdem straft sie ihre Umgebung durch ihr exzentrisches und destruktives Verhalten. Ihre Wut ist scheinbar passiv, doch sie setzt sie mit Erfolg ein, um ihre Umwelt zu tyrannisieren.

Sodann gibt es den Typ der Depressiven. Bei Frauen gehen Depressionen fast immer Hand in Hand mit Selbsthaß. Die depressive Frau leidet und hat gelernt, ihre Depression als Waffe zu gebrauchen, um dadurch auch ihre Umgebung leiden zu machen. Unglücklicherweise gehen viele Frauen dabei oft zugrunde.

Die Klatschbase der Nachbarschaft versucht, ihre Wut loszuwerden, indem sie Böses über andere Frauen erzählt – selten jedoch über Männer. Keine Frau ist vor ihr sicher; dadurch hofft sie, von den Männern anerkannt zu werden.

Schließlich gibt es die ›Mater Dolorosa‹. Diese Wut mit Leidensmiene steht in unserer Gesellschaft hoch im Kurs – besonders in kirchlichen Kreisen. Die Mater Dolorosa kompensiert ihre Wut durch Opfer und Leiden. Bei den Mahlzeiten nimmt sie sich immer das kleinste Stück Fleisch. Wenn der Nachtisch nicht reicht, verzichtet sie darauf. Sie kauft sich nie neue Kleider, weil sie ja nicht wichtig ist, doch sie sorgt dafür, daß ihre Kinder und ihr Mann immer gut angezogen sind. Sie macht andere von sich abhängig, indem sie bei ihnen Schuldgefühle erzeugt. Von allen wütenden Frauen manipuliert sie wohl am stärksten, übt sie am meisten Macht aus. Einige meiner schwersten Fälle waren Frauen, deren Mütter die Rolle der Mater Dolorosa gespielt hatten. Sie versuchen zwar, dem Idealbild ihrer perfekten, aufopfernden Mütter nachzueifern, erreichen es aber nie.

Das Leben all dieser Frauen wird von Wut beherrscht. Sie können zwar das WMS nicht bekämpfen, sie können sich nie von dem Makel des Frauseins befreien, sie können lediglich ihre Wut als Waffe benutzen. Wenn Frauen wütend sind und das je nach Temperament und Veranlagung zeigen, heißt das noch lange nicht, daß sie absichtlich böse oder schlecht sind. Sie versuchen einfach so gut wie möglich mit einer Gesellschaft fertig zu werden, die sie von Anfang an als unterlegen klassifiziert und ihnen keinen direkten oder gesunden Ausdruck für die Wut erlaubt, die sie ihr Leben lang aufstauen müssen.

Der Glaube an die Ursünde der Frau ist der Grund dafür, daß wir Frauen unserer eigenen Kraft so sehr mißtrauen. Wir haben Angst, unsere Kraft zu gebrauchen, weil sie sich so leicht verbindet mit unserer unterdrückten Wut, die uns selbst und unserer Umgebung Angst macht. Das Ergebnis ist ein Teufelskreis. Wir lassen unsere Wut an unseren Partnern und Kindern aus, sie werden wütend auf uns, und das macht uns noch wütender!

Sexuelle Identität der Frau

Der Makel des Frauseins wirkt sich am negativsten im Verständnis der weiblichen Sexualität aus. Wir können mit unserer Sexualität schlecht umgehen, sowohl innerlich als auch äußerlich. Ich glaube, Frauen wissen im allgemeinen sehr wenig über weibliche Sexualität Bescheid – sie wurde ja seit jeher von den Männern definiert. Ich kenne nur wenige Frauen, die eine eigenständige Definition ihrer Sexualität gefunden haben.

Auf keinem Gebiet wirkt sich das Mißtrauen in unsere eigenen Wahrnehmungen so katastrophal aus – man hält sie ja für krank, schlecht, verrückt, dumm usw. Da Sex von jeher die Domäne der Männer war, die ja alles besser wissen und verstehen müssen, lassen Frauen sie auch die Spielregeln bestimmen. Wir lassen uns von Männern vorschreiben, wie wir fühlen, uns verhalten und reagieren müssen. Wir lassen uns unsere intimsten Gefühle von ihnen diktieren.

Ich habe viele Beobachtungen zur Sexualität der Frau gemacht. Ich weiß und möchte das betonen, daß es sich hier nur um Beobachtungen handelt und nicht um der Weisheit letzten Schluß oder gar um ein umfassendes Bild der weiblichen Sexualität.

Erstens kategorisieren wir Menschen und Situationen nicht nach ihrer Sexualität. Zweitens nehmen wir nicht an, daß jede Beziehung sexuell sein muß oder jede unserer Handlungen und jede Begegnung mit einem anderen Menschen einen sexuellen Aspekt hat. Kurz, die Frauen definieren die Welt nicht in sexuellen Begriffen.

Dies steht leider in totalem Gegensatz zu der Sichtweise des WMS. Folglich bekommen wir wieder einmal – sowohl direkt als auch indirekt – zu hören, daß wir die Dinge falsch sehen. Wenn wir es ablehnen, Personen und Beziehungen in bezug auf ihre sexuelle Bedeutung zu beurteilen, dann heißt es, wir seien frigide oder hätten Angst vor Sex. Das sei *unser* Problem.

Im Lauf der Geschichte wurde die Frau (vom Mann) zu einem keuschen, unverdorbenen Wesen hochstilisiert. Das Frauenideal war die unberührte, unschuldige Jungfrau. ›Anständige‹ Frauen haben keinen Spaß am Sex. Es gab nur ›anständige‹ Frauen und Huren. Diese Theorie war im späten neunzehnten und zu Beginn des 20. Jahrhunderts am populärsten, existiert jedoch auch heute noch. Für viele Männer gibt es nur Heilige oder Huren. Eine Frau, die sexuell aktiv ist oder gar die Initiative ergreift (selbst bei ihrem Ehemann), ist unmöglich.

Durch die sexuelle Befreiung der Frau wurde eine Änderung dieser Theorie erforderlich. Plötzlich erwartete ›man(n)‹ von der ›sexuell befreiten‹ Frau, daß sie sich wie ein ›sexuell befreiter‹ Mann verhielt – in anderen Worten, daß sie mit jederMan(n) ins Bett ging. Niemand hat sich darum gekümmert, welche Art von sexueller Befreiung wir Frauen uns eigentlich wünschen.

Die meisten Frauen messen dem Sex nicht die gleiche Bedeutung bei wie die Männer. Nur ganz selten haben wir den Wunsch, nebeneinander mehrere sexuelle Beziehungen zu haben. Auf der Suche nach unserer sexuellen Identität haben wir vielleicht nacheinander mehrere Partner, doch fühlen wir uns meistens wohler, wenn wir nur mit einer Person eine sexuelle Beziehung haben. Frauen sind selten fähig, mehr als einen Menschen mit ganzer Hingabe zu lieben. Dies hängt damit zusammen, daß für viele Frauen Sex nur *ein* Ausdruck der Intimität und Liebe ist. Lieben schließt die ganze Person mit ein und ist eine völlig andere Erfahrung als nur miteinander schlafen.

Ich interessiere mich sehr für den sogenannten ›Orgasmuskult‹. Sowohl Frauen als auch Männer fallen ihm zum Opfer. Wer nämlich keinen Orgasmus erlebt, bei dem stimmt etwas nicht. Wer seinem Partner keinen Orgasmus ›gibt‹, bei dem stimmt ebenfalls etwas nicht. Und wer sollte ihn zuerst haben? Und sollten beide Partner ihn gleichzeitig haben?

Nach dem, was Frauen mir erzählt haben, messen sie dem Orgasmus nicht den gleichen Wert bei wie die Männer. Geschlechtsverkehr und Orgasmus sind viel weniger wichtig als Berühren, Umarmen, Streicheln und Kuscheln. Für viele Frauen ist Geschlechtsverkehr nicht das eigentliche Ziel, sie genießen vor allem die Zärtlichkeit. Sex ist für sie nur ein Mittel, dem anderen Menschen nahe zu sein. Bei Frauen ist die Sexualität nicht zu trennen von einer tiefen Beziehung zum Partner. Sex ohne diese Voraussetzung ist für die Frau meistens schwierig und freudlos.

Viele Frauen sehen nur eine Möglichkeit, mit den Widersprüchen zwischen ihrem intellektuellen, emotionalen und sexuellen (Sex-Objekt) Selbst fertig zu werden: Sie spalten sich ab von ihrem Körper. Intelligente Frauen, die zudem auch noch schön sind, können dies besonders gut. Sie können sich bis zu einem gewissen Grad als Sex-Objekt akzeptieren, schätzen jedoch ihre Sensitivität und ihre intellektuellen Fähigkeiten weitaus höher ein. Sie schalten ihre Gefühle ab. Sie kleiden zwar ihren Körper immer noch attraktiv, um den Männern zu gefallen, leben jedoch nicht wirklich in ihrem Körper. Diese Frauen berichten, daß sie beim Geschlechtsverkehr häufig wenig oder gar nichts empfinden, sie aber Gefühle ›vortäuschen‹, um die Anerkennung und Bestätigung der Männer zu bekommen.

Ich habe mit vielen dieser Frauen intensiv gearbeitet und ihnen zu helfen versucht, den Kopf wieder mit dem Körper zusammenzubringen. Eine dieser Frauen hat mich ganz besonders bewegt. Sie war eine ausgesprochene Schönheit und dabei gleichzeitig intelligent und begabt. Während der Therapiesitzungen fragte ich immer wieder, was sie fühle, und sie wußte es nie zu sagen.

Als ich einmal diese Frage während einer Gruppensitzung stellte, liefen ihr die Tränen über das Gesicht. Es brach aus ihr heraus, daß sie in ihrem Körper überhaupt kein Gefühl empfand. Sie ging der Sache nach und erkannte, daß das schon auf der Oberschule angefangen hatte. Sie hatte damals keine Möglichkeit gefunden, ihre Intelligenz mit ihrer Schönheit in Einklang zu bringen und hatte Angst, nur ein Sex-Objekt zu sein. Sie löste das Problem dadurch, daß sie sich von ihren Gefühlen distanzierte. Was mit ihrem Körper geschah, was ihr Körper tat oder auch nicht tat, hatte seitdem überhaupt nichts mit ihr als Person zu tun.

Der Sexualität wurde im Lauf der Zeit mehr Bedeutung zugeordnet als jeder anderen menschlichen Eigenschaft. Der sexuelle Aspekt bestimmt, was Liebe ist. Er entscheidet über unseren Wert als Mann oder Frau.

Am Faktor Sexualität wird beurteilt, ob einer die Verbindung zum Partner ernst nimmt oder nicht. Sex ist manchmal die einzige Art von Zuwendung. Sex kann außerdem eine Form der Macht sein.

In unserer Gesellschaft wird so gut wie jede sexuelle Aktivität mit sehr viel überflüssigem psychologischem Ballast überfrachtet. Sex ist nicht nur zum bloßen Vergnügen da oder zum Zeugen von Kindern. Statt dessen suchen viele Frauen im Sex die Liebe und Bestätigung, die sie von ihren bösen Müttern nie bekommen haben. Wir wollen von dem anderen bestätigt bekommen, daß wir etwas wert sind. Wir geben uns dem andern hin und erwarten als Gegengabe oft sehr viel mehr, als der andere jemals geben kann.

Die ›Höhle‹ einer Frau ist vielleicht nicht das Zentrum ihrer Sexualität, wie Erikson irrtümlicherweise behauptete, aber sie steht oft im Mittelpunkt unseres sexuellen Selbstwertgefühls.

Wenn wir jahrelang unsere Wut und unser Schuldbewußtsein mit uns herumgeschleppt haben, so belastet das unser Verhältnis zu uns selbst und zu den anderen. Wir benutzen unsere Sexualität als Waffe, wir täuschen sie nur vor oder tun so, als existiere sie überhaupt nicht.

KAPITEL 3

Miteinander auskommen: Mann-Frau-Beziehungen im WMS

Der Mann aus weiblicher Sicht

Die meisten Frauen wissen ziemlich genau, wie Männer sie sehen, ihre eigenen Vorstellungen über die Männer geben sie jedoch nur ungern preis. Dies hat zwei Gründe. Einerseits mißtrauen wir häufig unseren eigenen Wahrnehmungen und scheuen uns deshalb, diese in Worte zu fassen. Wenn wir sie andererseits aussprechen und sie sich von der männlichen Sichtweise unterscheiden, dann werden wir ja doch nicht ernstgenommen.

Natürlich haben wir trotzdem eine Meinung über die Männer, auch wenn wir sie für uns behalten müssen. Einige dieser Ansichten übernehmen wir vom WMS, andere basieren auf unseren eigenen Beobachtungen und Erfahrungen.

Wie schon ausgeführt, wird den Frauen von Kindesbeinen an beigebracht, die Männer seien von Natur aus überlegen. Also erwarten und hoffen wir auch, daß sie es wirklich sind. Wir wissen vielleicht tief im Innern, daß dem nicht so ist, aber wir verdrängen das, weil wir ja glauben, die Männer zu brauchen – nur sie könnten uns von der Ursünde des Frauseins erlösen. Wir wollen, daß sie uns von unserem angeborenen Makel, der Unterlegenheit, befreien.

Manche Männer unternehmen große Anstrengungen, um unseren Erwartungen zu entsprechen, doch wissen sie nicht so recht, vor wem oder was sie uns eigentlich retten sollen und warum!

Wir erwarten, daß die Männer überlegen sind, lehnen jedoch gleichzeitig ihr Privileg ab – hassen es sogar. Wir stellen den Mann auf einen Sockel und machen dadurch eine entspannte, liebevolle Beziehung so gut wie unmöglich. Wie kann man auch ein wirklich gutes Verhältnis zu jemandem haben, der einem haushoch überlegen ist? Wir strengen uns an, ›einen Ehemann zu angeln‹, aber allzu häufig ist es dann nicht der große Fang, den wir zu machen glaubten.

Frauen haben das Bedürfnis, zu dem Mann als dem allwissenden, alles verstehenden Wesen aufzublicken. Frauen fühlen sich die meiste Zeit mißverstanden (wie könnte das auch anders sein) und verbringen viel Zeit ihres Lebens auf der Suche nach Verständnis. Wenn wir nicht das Gefühl haben, daß die für uns wichtigen Männer uns verstehen, suchen wir die Schuld bei uns. Wir wehren uns verzweifelt gegen die Einsicht, daß Männer uns nicht vollständig verstehen, weil sie dazu nicht fähig sind. Sie verstehen wenig oder gar nichts von dem, was außerhalb des WMS liegt, denn andere Systeme existieren für sie nicht – es sei denn, sie bemühten sich ganz besonders darum.

Eine ›unterlegene‹ Person braucht schon eine ganze Menge Kraft, Geduld und Zuwendung, um ihr System einer ihr ›überlegenen‹ Person verständlich zu machen. Das ist mindestens doppelt so anstrengend, als wenn man von gleich zu gleich reden kann. Das liegt daran, daß die als ›überlegen‹ apostrophierten Mitglieder eines bestimmten Systems oft ausgesprochen langsam kapieren und wenig Interesse dafür haben, etwas über andere Systeme zu erfahren. Warum sollten sie auch? Sie sind ja sowieso an der Macht! Die amerikanischen Neger machten diese Erfahrung, als sie den Weißen ihr System erklären wollten; viele kamen zu dem Schluß, daß das Ergebnis den Aufwand nicht lohnt.

Da die Männer durch die Gehirnwäsche ihres eigenen Systems und mit Unterstützung der Frauen ernstlich daran glauben, daß sie alles wissen und begreifen, leiten sie daraus das Recht ab, uns zu zeigen, wer und wie wir sind. Sie nehmen sich nicht nur das Recht, uns zu sagen, wie wir sind, sondern behaupten schlichtweg, ihre Wahrnehmung der Frau sei absolut richtig und wir hätten uns gefälligst danach zu richten. Das können wir nicht ausstehen! Wir wollen von den Männern hören: »Sag mir, wie du bist!« und hören statt dessen: »Ich werde dir sagen, wie du bist!«

Jedesmal, wenn wir versuchen, ihnen das Weibliche System (WS) zu erklären, dann heißt es: »Rede gefälligst in meiner Sprache, nur so kann ich dich verstehen.« Unterschwellig klingt dabei mit: »Es liegt an dir, mir das verständlich zu machen. Es ist deine Schuld, wenn ich dich nicht verstehe. Ich habe es nicht nötig, mich auf ein anderes System einzulassen!«

Früher dachte ich, es sei meine verdammte Pflicht, jedem Mann das WS ›verständlich‹ zu machen. Heute gehe ich anders vor: Ich erkläre die Thesen, die ich vermitteln will, genau zweimal. Wenn es den Männern dann immer noch nicht dämmert, erkläre ich, das Problem liege wohl bei ihnen!

Natürlich verstößt eine solche Herausforderung schon wieder gegen eine sehr wichtige Regel, die Frauen unbedingt beachten sollten: daß nämlich das männliche Ego außerordentlich verletzlich ist und ›beschützt‹ werden muß. Viele Frauen opfern der Fürsorge dieses ›zerbrechlichen männlichen Egos‹ ihr ganzes Leben. Sie glauben an den Mythos, der Mann könne die volle Wahrheit über sich nicht ertragen – daß er z. B. nicht immer ein guter Liebhaber ist, daß auch er nicht alles weiß und versteht, daß er nicht immer stark ist, daß er nicht immer ›alles in der Hand‹ haben muß – kurzum, daß er ein Mensch ist wie wir alle.

Indem die Frau dem Märchen vom schutzbedürftigen empfindlichen Ego des Mannes glaubt und danach handelt, versucht sie, sich unentbehrlich zu machen. Denn wenn nur wir das männliche Ego schützen können, dann können die Männer ja ohne uns nicht leben.

Aber wen beschützt man denn eigentlich? Im allgemeinen doch jemanden, der schwächer und verletzlicher ist als wir selbst. Außerdem machen wir uns damit unentbehrlich und halten die Person, die wir beschützen, schwach und verletzlich. So geht der Teufelskreis weiter.

Manche Frauen sind wirklich bereit, ein offenes Spiel zu spielen, und sich den Männern nicht länger unentbehrlich zu machen. Sie haben die Erfahrung gemacht, daß die Männer es durchaus akzeptieren können, daß sie nicht immer gute Liebhaber sind, daß sie nur menschlich sind. Männer können überhaupt eine ganze Menge Wahrheiten verkraften, wenn man sie ihnen nur liebevoll sagt und sie nicht als Waffe gegen ein ›überlegenes‹ Wesen benutzt. Sie hören sie vielleicht nicht gerade gern, aber sie können sie verkraften. Dieser Prozeß wiederum macht den Weg frei zu ehrlichen und wechselseitig befriedigenden Beziehungen.

Eine Frau erzählte mir einmal: »Oh, natürlich ist mir das alles ganz klar, aber ich werde mich hüten, das meinem Mann zu erzählen. Ich versorge ihn, und dann kann er draußen die schmutzige Arbeit tun. Welche nur halbwegs vernünftige Frau möchte sich wohl mit Finanzen, Wirtschaftsdingen und Politik herumschlagen?« Wenn wir aber die Männer dieses Geschäft machen lassen, müssen wir uns ihren Entscheidungen fügen, ob wir wollen oder nicht. Aber immer weniger Frauen sind noch dazu bereit.

Es gibt einen weiteren wichtigen Aspekt des männlichen Egos. Jeder, der einmal einen Grundkurs in Biologie gemacht hat, hat von Einzellern, sogenannten Amöben, gehört. Die Amöbe kann jede beliebige Form annehmen, und ihr Hauptlebenszweck ist die Suche nach Nahrung. Kommt sie nun mit einer möglichen Nahrungsquelle in Berührung, so schickt sie ihre Pseudopoden, d. h. Pseudofüße, aus, umschließt die betreffende Nahrung und zieht sie in ihre Nahrungskanäle hinein. Die Amöbe vereinnahmt dann entweder die Nahrung – (und dann kann man Amöbe und Nahrung nicht mehr voneinander unterscheiden) –, oder sie stößt sie ab. Frauen stellen fest, daß manche Männer so ein ›pseudopodisches Ego‹ haben: Ihre Egos strecken sich nach der Frau aus, ziehen sie an sich, vereinnahmen sie, und von da an ist die Frau nicht mehr von dem Mann zu unterscheiden. (Dies ist ein spezielles Berufsrisiko von Ehefrauen und Sekretärinnen.) Hat der Mann einmal die Frau vereinnahmt, sieht er sie buchstäblich nicht mehr als ein eigenständiges Wesen.

Dies ist anders bei den vielen Frauen, die ihr Ego durch den Ehemann und die Kinder ausweiten. Wenn man sie ganz gezielt darauf anspricht, wissen diese Frauen ganz genau, daß sie ein von Mann und Kind getrenntes Wesen sind, auch wenn sie es lieber anders hätten. Aber Personen mit einem pseudopodischen Ego sind fest davon überzeugt, daß es keinen Unterschied zwischen ihnen und den anderen gibt. Frauen, die sich mit solchen Männern eingelassen haben, erleben sich als ›aufgefressen‹ oder ›einverleibt‹.

Bei Scheidungen kann man hervorragende Beispiele pseudopodischer Egos beobachten. Wenn es um die Aufteilung des Eigentums geht, weiß die Frau normalerweise, was sie mit in die Ehe brachte, was er mitbrachte und was sie gemeinsam angeschafft haben. Der Mann andererseits geht häufig davon aus, daß alles ihm gehört. Er kann tatsächlich nicht zwischen seinen Sachen und denen seiner Frau unterscheiden. Es ist die Verdrehung eines alten Sprichwortes: »Was mein ist, ist mein und was dein ist, ist ebenfalls mein.«

Kein Wunder, daß viele Frauen sich nur als Besitztum des Mannes fühlen! Kein Wunder, daß sich Männer so aufregen, wenn ihre Frauen – oder ihre Sekretärinnen – ein eigenes Selbst oder einen Besitz beanspruchen.

Aus weiblicher Sicht ist der Mann unempfänglich für weibliche Ideen – was stimmt. Männer sind sehr von ihren eigenen Ideen und denen ihrer Artgenossen eingenommen. Daher die alte Klage der Frauen, daß sie es so schwer haben, ihre Ideen bei beruflichen und geschäftlichen Treffen einzubringen. Wir stehen dann vor der Wahl, entweder unsere Ideen selber vorzubringen und das Risiko einzugehen, daß sie abgelehnt werden, weil sie von einer Frau kommen, oder wir überlassen sie den Männern, die unsere Ideen dann als ihr eigenes Produkt verkaufen. Im letzteren Fall besteht wenigstens eine geringe Chance, daß sie akzeptiert und verwirklicht werden.

Männer kämpfen verbissen für ihre Ideen. In der Tat verteidigen sie sie so, wie eine Löwin ihre Brut verteidigt. Vielleicht fällt es einer Frau leichter, ihre Ideen an andere weiterzugeben, weil sie wirkliche Kinder zur Welt bringen kann, während der Mann an seinen Ideen wie an Kindern hängt.

Je mehr wir uns nach den Männern richten, desto mehr klammern wir uns an unsere Ideen. Wir sind nicht mehr bereit, sie den Männern zu überlassen. Wir verteidigen sie hartnäckiger und beanspruchen das Urheberrecht – ich nenne das absichtlich die ›konzeptionelle Vaterschaft‹. Wenn wir uns eines Tages nicht mehr so im WMS profilieren müssen, kommen wir vielleicht einmal dahin, daß wir unsere Ideen austragen, nähren, wachsen lassen, sie dann anderen zur Weiterentwicklung übergeben und schließlich ganz loslassen.

Die Perfekte Ehe – ein Märchen

In unserer Kultur wird den Frauen weisgemacht, daß es nur ein erstrebenswertes Ziel im Leben gibt: die ›Perfekte Ehe‹. Bei dieser Inszenierung sind zwei halbe Personen vorgesehen, die in einer Symbiose miteinander leben. Keiner kann ohne den anderen überleben, keiner ist er selbst. Dies, so wurde uns beigebracht, sei wahre Liebe und daher stammen auch all die Klischees, mit denen wir unsere Partner zu beschreiben pflegen: ›meine andere Hälfte‹, ›meine bessere Hälfte‹.

Die Perfekte Ehe hat zwei Gesichter: die Perfekte Ehe nach außen und die Perfekte Ehe nach innen. Sie existieren nebeneinander und voneinander abhängig. Obwohl die Perfekte Ehe nach außen von der Frauenbewegung scharf angegriffen wurde, verdient die Perfekte Ehe nach innen mindestens genausoviel Beachtung.

In der Perfekten Ehe nach außen ist der Mann der Vater, die Frau das Kind. Der Mann sorgt für die Frau. Er kümmert sich um die harte Wirklichkeit da draußen, verdient das Geld, entscheidet über die Ausgaben und trifft überhaupt alle Entscheidungen (entweder heimlich oder offen). Er sorgt dafür, daß das Auto repariert wird und erledigt alle häuslichen Basteleien. Er umsorgt seine ›kleine Frau‹. Die Frau kann nicht selbst für ihren Unterhalt sorgen und kann sich auch nicht in der Welt zurechtfinden. Oft kann sie noch nicht einmal Auto fahren (besonders wenn sie und ihr Mann in einer Stadt leben), und sie hat keine Ahnung von Technik. Geldangelegenheiten sind ihr ein Buch mit sieben Siegeln, und manchmal weiß sie nicht einmal über die Finanzen der Familie Bescheid. Die Frau einer Perfekten Ehe nach außen sagt wohl: »Er gibt mir Haushaltsgeld, und das übrige geht mich nichts an.« Oder: »Ich möchte mit Geld nichts zu tun haben und schon gar nicht dafür verantwortlich sein.« Oder: »Jede Frau möchte behütet und umsorgt werden – ich bin da keine Ausnahme!« Die Botschaft, die sie von ihm erhält, lautet: Sie ist schwach und kann in der Welt nicht alleine zurechtkommen. Aber sie kann sich auf ihn verlassen, und er wird es schon recht machen. Er ist unersetzlich. In der Ehe wird sein ›empfindliches männliches Ego‹ gepflegt, indem sie ihn stark und unabhängig erscheinen läßt, die Frau dagegen schwach und abhängig. Im Lauf der Jahre wird dieser Typ von Ehe eine Belastung für beide Partner, besonders für den Mann, doch auch heute noch gehen viele junge Erwachsene eine solche Ehe ein und glauben, dies sei die wahre Liebe.

Die Frauenbewegung hat die Perfekte Ehe nach außen hart angegriffen, weil sie die Frauen zu kindlichen Krüppeln macht. In einer solchen Ehe gedeiht keine gegenseitige Unterstützung und kein gegenseitiger Respekt, kein Wachstum und keine Entfaltung. Die Frau hat nie die Gelegenheit, sich selbst und ihre Fähigkeiten zu entdecken, und der Mann hat nie die Zeit, sich zu entspannen und seine Menschlichkeit zu genießen. Beide Partner leiden.

Die private Wirklichkeit der Perfekten Ehe steht weniger im Rampenlicht der Öffentlichkeit, obwohl es sie mit Sicherheit gibt und sie genauso wichtig ist wie die offizielle Seite der Perfekten Ehe.

Diese private Perfekte Ehe findet hinter geschlossenen Türen statt. Sobald der Mann zur Tür hereinkommt, kehren sich die Rollen um. Draußen in der Öffentlichkeit mag er das Sagen haben – doch das Heim ist das Reich der Frau, und hier regiert sie uneingeschränkt.

In der Privatsphäre der Perfekten Ehe ist die Frau die Mutter und der Mann das Kind. Sie füttert ihn, kleidet ihn und räumt hinter ihm auf. Oft kann er nicht einmal seine Kleider auswählen – und weiß nicht, welchen Stil er mag oder welche Größe er trägt. Es ist Sache der Frau, sich um seine körperlichen Bedürfnisse zu sorgen. Sie sorgt dafür, daß er gut aussieht. Sie sorgt dafür, daß er gut ißt. Sie sorgt für seine sexuellen Bedürfnisse. Sie schirmt ihn vor den Kindern und ihrem Lärm ab – er ist ja viel zu beschäftigt und viel zu wichtig, man darf ihn doch nicht stören! Sie ist für die Kommunikation und die Intimität in der Beziehung verantwortlich. Sie ist unersetzlich.

Das Ergebnis der Perfekten Ehe sind zwei Hälften, die ohne einander nicht überleben können. Nach außen sieht es so aus, als ob der Mann eine ganze Person sei und die Frau ein von ihm abhängiges, kindliches, unentwickeltes Wesen. Im privaten Bereich ist es jedoch umgekehrt. Beide Partner müssen zwei unterschiedliche Rollen spielen – eine für die Öffentlichkeit und eine für zu Hause.

Was ist das Schicksal der Perfekten Ehe? Manche halten ewig, wobei einer am anderen klebt, andere gehen kaputt. Es könnte zum Beispiel einer von beiden erwachsen werden. Alles mögliche kann einen solchen Wachstumsprozeß auslösen. Der Mann besucht vielleicht ein von seiner Firma organisiertes ›Sensitivity Training‹. Da dämmert es ihm, daß auch er eine ganze Person werden kann, daß auch er Gefühle hat. Oder er trifft eine andere ›ganze‹ Frau und macht die Erfahrung, was eine partnerschaftliche Beziehung zu einem Erwachsenen sein kann (und nicht eine Eltern-Kind-Beziehung).

Die Frau liest vielleicht Bücher der Frauenbewegung oder nimmt an einer Selbsterfahrungsgruppe teil. Sie bildet sich vielleicht weiter oder sucht sich eine Stelle. Sie faßt vielleicht den Entschluß, über ihr Geld zu bestimmen. Sie trifft einen Mann, der sie als gleichberechtigte Partnerin behandelt und nicht ihr Vater oder Kind sein will.

In jedem dieser Fälle wächst einer der Beteiligten aus der Eltern-Kind-Beziehung heraus, und diesem Druck hält die Ehe nicht stand. Sie muß auseinanderbrechen oder sich ändern.

Zum Bruch einer Perfekten Ehe kommt es auch dann, wenn einer der beiden Partner ›aus der Rolle fällt‹ und sich anders verhält, als sein Partner es erwartet hat. Hier sind die Dinge etwas verwirrender und verzwickter. Es ist z. B. möglich, daß die Frau die Mutterrolle spielt, wenn er gerade lieber ein angepaßtes Kind hätte. Oder der Mann verhält sich ›kindisch‹, wenn sie eigentlich einen Vater bräuchte. (Eine Perfekte Ehe ist sehr starr und statisch und muß auch so bleiben, um zu überdauern.) Dieses Sichvergessen und dieses ›Aus-der-Rolle-Fallen‹ kann für den Außenstehenden sehr erheiternd sein, für die Beteiligten ist es jedoch eine todernste Sache.

Einmal kam ein Ehepaar zu mir, das sich zu einer Therapie durchgerungen hatte, weil die Frau einmal vergaß, was sie wo zu tun hatte. Zu Hause hatte sie ihm immer seine Fleischportionen zerschnitten, um ihm die Mühe beim Essen zu ersparen. Eines Abends waren sie nun mit seinem Chef zum Essen ausgegangen. Sie hatte völlig vergessen, wo sie sich befand, hatte geistesabwesend seinen Teller zu sich herübergeholt und sein Steak fein säuberlich zerschnitten! Dieser peinliche Vorfall hatte eine Krise ihrer Perfekten Ehe ausgelöst, und nun suchten sie ihr Heil bei einem Therapeuten.

Obwohl die Perfekte Ehe nach außen stabil wirkt, ist sie doch so anfällig, daß eine Lappalie eine Krise heraufbeschwören kann. Der Ehemann kommt vielleicht von der Arbeit nach Hause und schlägt seiner Frau vor, sie solle doch auch mal das neue Waschpulver ausprobieren, von dem die ›Frauen im Büro‹ so schwärmten. Diese an sich harmlose Bemerkung kann unerhörte Folgen haben. Wie kommt er dazu, ihr vorzuschreiben, was sie zu Hause zu tun hat? Zu Hause regiert doch sie. Hier trifft sie die Entscheidungen. Hier hat er sich nicht auch noch einzumischen. Eine stillschweigende Übereinkunft wurde verletzt. Er war schließlich damit einverstanden, daß sie für seine Person und das Haus zuständig war – auch wenn es natürlich nach außen den Anschein erwecken sollte, als ob er für sie und das Haus sorge. Beide hatten sich verpflichtet, ihre Rolle in diesem Theater zu spielen. Wie man jedoch sieht, müssen die Spieler der Regieanweisung strikt folgen, sonst wird das Ganze ein Fiasko.

›Ganzheitliche‹ Personen können es in einer Perfekten Ehe nicht lange aushalten. Sie fühlen sich wohler, wenn die Aufgaben nach Neigung und Talent verteilt sind, und nicht nach starren Klischees. Ganzheitliche Menschen brauchen Beziehungen, in denen sie wachsen und auch Risiken eingehen dürfen; dabei fördern und unterstützen sie gleichzeitig die Entwicklung ihres Partners.

Das amerikanische – und europäische – Märchen von der Perfekten Ehe ist in Wirklichkeit die Fata Morgana zweier ›halber‹ Menschen.

Wer macht den ersten Schritt?

Große Schwierigkeiten in Mann-Frau-Beziehungen ergeben sich immer wieder bei der Frage, wer denn nun die Initiative zu ergreifen hat und wer abwarten soll. Wer tut den ersten Schritt? Und wer sagt das erste entscheidende Wort?

Das traditionelle Rollenverständnis schreibt vor, daß der Mann die Initiative ergreift und die Frau darauf reagiert. Unterschwellig gibt natürlich die Frau dem Mann oft zu verstehen, daß es nun an der Zeit ist, die Sache anzupacken! Die Idealvorstellung ist aber doch, daß der Mann die Sache in die Wege leitet und die Frau dann mitgeht.

Wer anfängt, übernimmt aber auch oft die Führung in der Beziehung. Erstaunlicherweise ist das die Person, die bereit ist, den anderen als erste zu *berühren*. Die Strategie und die Kunst des Berührens ist ein wichtiges Thema, das den Frauen aber erst allmählich aufgeht.

Vor einigen Jahren wurde vor der Amerikanischen Gesellschaft für Psychologie ein Vortrag über die Kunst des Berührens gehalten. Der Leitgedanke war, daß die Person, die den anderen in einer bestimmten Situation als erste berührt, sofort die Oberhand gewinnt. (Dieser Kontakt dient auch häufig dazu, den anderen zu beherrschen; der Chef beispielsweise darf seine Sekretärin eher tätscheln als sie ihn).

Nach diesem Vortrag meldete sich ein Zuhörer zu Wort und griff diese These hitzig an. Worauf die Rednerin wortlos das Pult verließ, auf ihn zuging und ihn fest an beiden Oberarmen packte. Der Mann war schockiert!

Am nächsten Tag erhielt die Gesellschaft der Psychologinnen eine seitenlange Beschwerde. Der Mann, so wurde darin ausgeführt, sei sich wie öffentlich vergewaltigt vorgekommen! Die Rednerin hatte gewagt, ihn als erste zu berühren! Würde er es ebenso empfunden haben, wenn er *sie* zuerst berührt hätte? Mit Sicherheit nicht.

Die Frage, wer den Anfang machen und wer abwarten soll, wird in vielen Mann-Frau-Beziehungen zum Problem hochstilisiert. Der Mann muß immer anfangen, auch wenn er gar nicht mag, und die Frau hat geduldig zu warten, bis sie an der Reihe ist. Niemand ermutigt sie, neue Wege auszuprobieren, die für beide besser wären.

Dies führt zu allen möglichen Spielchen. Wenn eine Frau geschickt im Umgang mit Männern ist, wird sie den Mann in eine für sie günstige Situation hineinmanövrieren und ihn gleichzeitig bei dem Glauben lassen, das sei seine eigene Idee. (Wodurch natürlich das empfindsame männliche Ego geschont werden soll.) Oder der Mann muß immer den Anfang machen, auch wenn ihm gar nicht danach zumute ist. So sind beide Partner weder ehrlich noch wirklich sie selbst.

Dieses Problem – wer darf aktiv sein und wer nicht – kann sich auf alle Lebensbereiche erstrecken. Ich hörte einmal eine Frau sagen: »Wenn ich neben einem Mann gehe, gebe ich nie das Tempo an – ich könnte ihn ja dadurch beleidigen.«

Von Nesthockern, Helfern, ›modernen‹ Männern und anderen

In vielen Büchern und Artikeln wird behauptet, die Männer seien von Natur aus Nomaden und die Frauen von Natur aus seßhaft. Dieser Mythos wurde einerseits untermauert mit den biologischen Funktionen wie z. B. dem Gebären und Aufziehen der Nachkommenschaft, und andererseits mit sozialgeschichtlichen Aufgaben wie z. B. Jagen und Nahrung sammeln.

Der Mythos gerät jedoch ins Wanken. Da ist beispielsweise die steigende Scheidungsrate – und zwar nicht nur, weil mehr Männer die Scheidung einreichen, sondern weil immer mehr Frauen das tun. Außerdem gehen nur wenige der frisch geschiedenen Frauen sofort wieder eine Ehe ein, während geschiedene Männer im allgemeinen sehr schnell wieder eine andere Frau finden, mit der sie sich häuslich einrichten.

Überraschenderweise sind es nun die Frauen, die ›herumzigeunern‹, während die Männer zu ›Nesthockern‹ werden. Die Frauen sind bereit, neue Lebensformen auszuprobieren und herumzuziehen, und die Männer heiraten Frauen, die ihnen ›ein Nest‹ bauen.

Ich möchte hier nicht ein altes Vorurteil durch ein neues ersetzen. Ich sage nur, daß weder Männer noch Frauen ›von Natur aus‹ das eine oder andere sind. Fest steht allerdings, daß Männer so ein ›Nest‹ mögen. Und wenn sie die Frauen dazu überreden können, das Heimchen am Herde zu werden, dann sind sie am Ziel ihrer Wünsche und Bedürfnisse. Ich frage mich, ob die Männer uns nicht deshalb mit so viel wissenschaftlichem Aufwand zu Nesthockern erklären, damit sie sich ins warme Nest setzen können.

Ein weiteres Klischee, das heute zunehmend in Frage gestellt wird, betrifft den allwissenden männlichen ›Helfer‹. Viele Männer der helfenden Berufe – seien es nun Psychiater, Psychologen oder Therapeuten – können die mögliche Existenz eines eigenständigen weiblichen Systems nur sehr schwer akzeptieren. In manchen Situationen kann wirklich nur eine Frau verstehen, was es heißt, in unserer Kultur als Frau aufzuwachsen. Männer verschließen sich der Einsicht, daß es Dinge gibt, die sie *nicht* wissen und *nicht* verstehen. Da sie sich so sehr mit ihren ›hilf-reichen‹ Berufen identifizieren, können sie es überhaupt nicht ertragen, daß sie in bestimmten Bereichen einfach nicht helfen können. Man sieht nicht auf den ersten Blick, wie sehr sie unter ihrer ›Hilf-losigkeit‹ leiden. Viele Männer geben sich verzweifelte Mühe – aber es gibt Situationen, in denen eine Frau nur bei einer Frau Hilfe und Verständnis finden kann.

Sodann gibt es den ›Mann des Neuen Zeitalters‹. Er gibt sich sehr spirituell und befaßt sich ausschließlich mit höheren Bewußtseinsstufen. Manchmal geht er so weit, sich als ›Feministen‹ zu bezeichnen.

Viele Frauen, die einem solchen Mann begegnet sind, haben sich Hals über Kopf in ihn verliebt. Er ist ja so wunderbar! Er ist uns ja so ähnlich. Er spricht eine ganz andere Sprache mit uns und versucht uns davon zu überzeugen, daß er uns voll und ganz versteht. Er schaut uns tief in die Augen und spricht ganz offen über Gefühle und Emotionen, Sensibilität und Vertrauen. Er schluchzt im Kino. Manchmal läßt er seinen Gefühlen freien Lauf und heult wie ein Klageweib. Er behauptet, er schwärme für starke, sexuell unabhängige Frauen. Er ist umwerfend – zumindest hält er sich dafür. Er trägt Perlen, einen Bart und exotische Gewänder. Fast immer hat er einen entrückten, mystischen, heiligen Blick in seinen Augen, und er versteht sich als Prophet eines Neuen Zeitalters, in dem Männer und Frauen wahrhaft gleich sein werden.

Diese ›Männer des Neuen Zeitalters‹ sind sexbesessen. Sie haben entdeckt, daß Frauen viel eher bereit sind, mit einem Mann ins Bett zu gehen, der über Gefühle redet. Vorsicht! Männer des Neuen Zeitalters entpuppen sich als Wölfe im Schafspelz.

Schließlich gibt es immer mehr Männer, die nicht in das WMS passen. Sie kämpfen einen heldenhaften Kampf. Immer mehr tun sich zusammen, um ihr Selbst und ihre Welt zu erforschen und um herauszufinden, wie sie vom WMS manipuliert und kontrolliert werden. Sie entdecken, daß es viel zu viel Kraft kostet, allzeit überlegen, gottähnlich, allwissend zu sein. Sie sind auf der Suche nach Alternativen und keineswegs erfolglos.

Das sind unsere Männer! Ihnen werden wir das Weibliche System nahebringen können. Es ist ein Glück für uns alle, daß es immer mehr solcher Männer gibt.

KAPITEL 4

›Stopper‹

Wie man Frauen unter Kontrolle hält

Es gibt eine ganze Reihe von Methoden, um Frauen dazu zu bringen, daß sie ihren eigenen Wahrnehmungen mißtrauen. Ich bezeichne diese Methoden als ›*Stopper*‹. Ein Stopper kann alles mögliche sein – Hauptsache, er nagelt die Frau da fest, wo sie laut WMS zu sein hat. Immer wenn wir unsere Zuständigkeiten überschreiten oder Überlegenheit an den Tag legen, gibt es nichts Besseres als einen der altbewährten ›Stopper‹, und schon kann man uns in die Flucht jagen.

Es gibt da die verschiedenartigsten Stopper. Manche – wie z. B. Vergewaltigung, Mißhandlung und Inzest – sind gewalttätig. Andere sind subtiler und spielen mit unseren zartesten und empfindsamsten Gefühlen.

Der effektivste Stopper ist der Vorwurf, die betreffende Frau sei krank, schlecht, verrückt, dumm, häßlich oder schlichtweg unfähig. »Du bist mal wieder völlig übergeschnappt.« »Wie kommst du bloß auf so eine Schnapsidee?« »Das geht wohl über deinen Horizont.« »Du verstehst rein gar nichts.« »Wie kommst du nur auf so eine verrückte Idee?« »Du hast den Verstand verloren!« Sobald wir so etwas hören, fühlen wir uns wie entblößt. Wie haben nämlich selber furchtbar Angst, krank, schlecht, verrückt oder dumm zu sein – und die meisten von uns glauben ganz tief innen, daß sie es wirklich sind.

Da wir in einer Kultur leben, in der unsere Wahrnehmungen nur ganz selten anerkannt und respektiert werden – besonders nicht von den Leuten, die ›zählen‹ –, ist es schwierig, wenn nicht gar unmöglich, uns selbst zu trauen. Wenn aber unsere Wahrnehmungen nicht für voll genommen werden können, müssen wir wohl verrückt sein. Wenn wir die gemeinhin für richtig geltende Wahrheit des WMS nicht erkennen können, muß irgend etwas mit uns nicht stimmen. Erst seit Frauen offen und ehrlich miteinander sprechen – *wirklich* sprechen! –, werden wir gewahr, daß wir eine andere Realität haben.

Männer können nur sehr schwer verstehen, wie leicht das Vertrauen in unsere Wahrnehmungen erschüttert werden kann, wie leicht man sie uns ausreden kann und wieviel Angst wir davor haben, als krank, schlecht, verrückt oder dumm bezeichnet zu werden. Besonders empfindlich reagieren wir auf die Behauptung, wie seien häßlich. Eine häßliche Frau hat in unserer Gesellschaft keinen Wert – jeder übersieht sie, niemand nimmt ernst, was sie zu sagen hat!

Einige der landläufigen Stoppermethoden werden heute von Frauen unter die Lupe genommen und aus weiblicher Sicht neu interpretiert. Ich interessierte mich lange Zeit für den Ausdruck ›Du hast den Verstand verloren‹. Nach einigem Nachdenken entschied ich, daß dieser Ausspruch nicht so negativ ist, wie man anfangs meint. ›Seinen Verstand verloren zu haben‹ heißt ja, seine Ratio und Logik verloren zu haben. Es kann als ›zu sich selbst gefunden‹ interpretiert werden, was in unserer überintellektuellen Kultur durchaus positiv sein kann.

Schuldgefühle sind eine weitere, wirksame Stoppertaktik. Da wir dauernd die Erbsünde des Frauseins mit uns herumschleppen und uns von vornherein als minderwertig vorkommen, nehmen wir bereitwillig die Kollektivschuld der Welt auf uns. Weicht eine Frau von dem traditionellen Rollenverständnis ab und erfüllt sie nicht die in sie gesetzten Erwartungen, ist es leicht, ihr Schuldgefühle einzuimpfen. Schuldgefühle sind eine effektive Kontrollmethode und helfen, den Status quo zu erhalten. Als geborene Niete ist man sowieso an allem schuld.

Da man uns beigebracht hat, unsere Hauptaufgabe sei die Sorge um den anderen, können Schuldgefühle leicht in uns geweckt werden, wenn wir anfangen, für uns selbst zu sorgen. Wie können wir nur so egoistisch sein? Unsere Fähigkeit, andere zu umsorgen, ist doch auch nicht unbegrenzt, oder? Wenn wir nun auch noch einen Teil jener Kraft für uns selbst abzwakken, bleibt dann noch genug übrig für Mann und Kinder?

Bei jeder Diskussion über wichtige Frauenthemen kommt unweigerlich der Einwand: »Denkt aber auch an die armen Männer! Sie haben es auch nicht gerade rosig!« Auch dieser Stopper löst sofort Schuldgefühle in uns aus und die Befürchtung, als Männerhasserin zu gelten. Wenn sich eine Frau mit Frauenfragen befaßt, dann wird automatisch gefolgert, sie lehne die Männer ab. Wenn man uns diesen Vorwurf macht, versichern wir schnellstens, daß wir natürlich für die Männer sorgen wollen und keineswegs unsere Rolle als sorgende Frau aufgeben, nur weil wir uns auch um die Frauen kümmern. Wir rechtfertigen uns so lange und ausgiebig, daß wir von anderen, wichtigeren Themen abgelenkt werden.

Ein weiterer Stopper, der Schuldgefühle weckt, hat den Tenor: »Denkt doch an all das Elend in der Welt.« »Und wie ist es mit den hungernden Kindern, den Waisen, den Armen in den Elendsvierteln etc. etc.« (Als ob nicht mindestens die Hälfte davon auch Frauen wären!) Frauen haben nicht das Recht, sich mit Frauenproblemen zu befassen, solange es noch andere Hilfsbedürftige auf der Welt gibt – dabei wird es die *immer* geben!

Manchmal wird behauptet, Frauenfragen seien nicht so wichtig wie etwa Klassen- oder Rassenfragen, weil die Frauenbewegung nur eine Sache der weißen Mittelschicht, ›wirkliche‹ Unterdrückung dagegen ökonomischer Natur sei. Wir haben doch unsere Autos, unsere Häuser, gesunde Kinder und vollgestopfte Kühlschränke. Worüber beschweren wir uns also? Aber ist es etwa nicht schlimm, wenn wir unsere Seele verlieren?

Wenn nun Frauen selbstsicherer und selbstbewußter werden und ihr Leben selbst in die Hand nehmen, kommt ein neuer Stopper ins Spiel. An diesem Punkt entwickeln wir uns nämlich zu fröhlicheren Menschen, die das Leben bejahen und genießen. Wir lachen öfter und lernen wieder die Kunst des Spielens. WMS-Personen bringt das aus der Fassung, und es hagelt bissige Bemerkungen wie: »Ich kann diese alberne Art nicht ausstehen!« oder »Was gibt es denn so viel zu lachen?« Für das System ist ›zuviel‹ Freude eine Bedrohung, folglich versucht man mit allen Mitteln, diese Gefühle der Freude zu ersticken und sorgt dafür, daß wir uns wegen unserer Gefühle schuldig fühlen.

Die größere Fähigkeit der Frauen, den anderen zu verstehen, kann ebenfalls gegen sie verwendet werden. Wie schon zuvor erwähnt, geben wir uns große Mühe, uns in jede Situation hineinzudenken, besonders auf dem Gebiet zwischenmenschlicher Beziehungen. Nach Auffassung des WMS schließt jedoch wahres Verständnis einer Sache das Gefühl aus. Haben wir also eine Situation verstanden, so dürfen wir uns nicht mehr erlauben, wütend, ablehnend oder entsetzt darüber zu sein. Sind wir es trotzdem, fühlen wir uns wiederum schuldig.

Das passiert häufig, wenn wir die Gefühle erforschen wollen, die wir gegenüber unseren Müttern haben. Nachdem wir einen schärferen Blick für Frauenprobleme entwickelt haben, können wir unsere Mütter besser verstehen. Wir werden wütend, aber unser ewiges Verständnis dämpft unsere Wut. Man hat uns ja beigebracht, Verständnis – wie auch Liebe – habe immer sanftmütig und freundlich zu sein, niemals aber wütend, ablehnend oder eifersüchtig.

Mit unseren Beziehungen zu Männern ist es genauso. Wenn wir erkennen, daß auch Männer von dem System kaputtgemacht werden, reden wir uns ein, wir dürfen uns über ihren Anteil an unserer Unterdrückung nicht empören. Wieder einmal werden unsere wahren Gefühle durch unser Verständnis abgeblockt, und wir verleugnen unsere Wahrnehmungen.

Eine weitere Stoppermethode ist die Masche: »Wir sitzen ja alle im gleichen Boot.« Besonders Männer der helfenden Berufe bringen ihn häufig und mit großer Geschicklichkeit an. Sobald wir offen mit ihnen sprechen, geben sie sich tief besorgt und voller Verständnis. Dann sagen sie etwas wie »sprechen wir doch nicht nur über die Befreiung der Frau, sprechen wir doch gleich über die Befreiung des Menschen. Es gibt schon genug, was uns trennt. Wir sollten nicht nach den Unterschieden suchen, sondern uns auf Gemeinsamkeiten besinnen«. Das hört sich so vernünftig und menschenfreundlich an, daß wir leicht darauf hereinfallen.

Nun können sich aber leider nur die weißen Männer den Luxus einer solchen Haltung leisten. Sie haben es nicht nötig, Unterschiede aufzuspüren, sie sind ja sowieso an der Macht. Wenn man uns nicht die Freiheit läßt, die Situation der Frau im

WMS zu erforschen, dann nimmt man uns unsere ureigensten Erfahrungen und unsere Seele. Dieses Anderssein ist unsere Identität.

Als die amerikanischen Schwarzen um ihre Gleichberechtigung kämpften, benutzten wir Weiße den gleichen Trick. »Betonen wir nicht unsere Unterschiede«, so forderten wir sie auf, »konzentrieren wir uns lieber auf Gemeinsamkeiten!« Wenn wir uns erst davon abbringen lassen, unsere Eigenart wertzuschätzen, dann werden wir sofort wieder abgelenkt von unseren eigentlichen Zielen und kümmern uns wiederum um allgemeine Belange. Dies stellt die gute alte Weltordnung wieder her – und wir sind wieder dazu da, dem WMS zu dienen. In unserem Kulturkreis zumindest sind universelle Belange gleichzusetzen mit den Zielen des WMS.

Es gibt eine interessante Variante der ›Wir-sitzen-alle-im-selben-Boot‹-Masche, die ich schon unzählige Male gehört habe. Sie basiert auf der Behauptung, daß es keinen Unterschied zwischen Männern und Frauen gäbe. Wenn nun jemand eine Frau anders behandelt als einen Mann, wird ihm (oder ihr) vorgeworfen, er handle diskriminierend und verletze das Gleichheitsprinzip. Dieser Stopper wird auch von den Männern der helfenden Berufe verwendet, besonders wenn sie eine sexuelle Beziehung zu ihrer Klientin wollen. Das läuft dann etwa so ab: »Ich muß davon ausgehen, daß diese Frau erwachsen ist und die Verantwortung für ihr Handeln übernimmt – so wie ein Mann. Wenn ich das nicht voraussetze, würde ich sie ja nicht als gleichberechtigt anerkennen.« Obwohl er glaubt, er habe die Macht, Gleichheit zu verordnen (immerhin konnte er das früher), liegt es doch nicht in seiner Macht, die innere Einstellung des anderen zu diktieren. Wenn ich einem Mann mit solchen Vorstellungen begegne, pflege ich ihn daran zu erinnern, daß Erwachsensein nicht von *außen* verordnet werden kann, sondern organisch gewachsen sein muß.

Eine andere, sehr effektive Methode, eine Frau vollständig abzublocken, besteht darin, sie als aggressives Weibsstück oder kastrierendes Biest zu bezeichnen. Männer mit Durchsetzungsvermögen sind kompetent und dynamisch, Frauen mit Durchsetzungsvermögen sind widerlich und aggressiv. Wenn ein

Mann seine unterschiedliche Meinung kundtut, so ist er geradeheraus und ehrlich. Wenn eine Frau unverblümt ihre Meinung sagt, bezeichnet man sie als männermordendes Biest, das sich keinen Deut um das fragile männliche Ego schert.

Dieses Etikett ›kastrierendes Biest‹ ist besonders verwirrend, weil hierdurch eine sexuelle Komponente ins Spiel kommt, die meistens nichts mit der betreffenden Situation zu tun hat. Was hat unser Durchsetzungswille mit männlichen Genitalien zu tun? Dieses Etikett hört sich so schrecklich an, daß wir uns von unseren Wahrnehmungen distanzieren, um ja nicht die männliche Anatomie oder Männlichkeit zu bedrohen oder zu beleidigen. Wir wissen doch, wie wichtig die männlichen Geschlechtsteile sind. Sie sichern ihm seine angeborene Überlegenheit – ohne sie ist er genauso wenig wert wie wir. Genauso ist es mit dem Vorwurf, eine Frau sei eine Lesbe – auch dies hält viele Frauen davon ab, ihre eigenen Wahrnehmungen zu erforschen und danach zu handeln. Aus Angst, als lesbisch bezeichnet zu werden, scheuen wir auch davor zurück, andere Frauen zu mögen. Trotzdem lassen sich immer weniger Frauen von solchen Beschimpfungen einschüchtern.

Ein anderer Stopper, den Frauen häufig zu hören bekommen, lautet in etwa: »Was bist du heute ernst! Wo ist dein Sinn für Humor geblieben?« (Wir dürfen zwar nicht lustig sein, müssen aber immer den Sinn für Humor bewahren!) Wenn wir nicht mehr über schmutzige, zweideutige Witze lachen mögen, die auf unsere Kosten gehen, heißt das noch lange nicht, daß wir das Lachen ganz und gar verloren haben. Wenn wir unsere Probleme und Interessen ernst nehmen und uns dafür einsetzen, bedeutet das schließlich nicht, daß wir unseren Sinn für Humor verloren haben. Das ist wieder der Trugschluß, das sei ein und dasselbe. Als könnten wir, wenn wir unsere Angelegenheit mit Ernst verfolgen, uns nicht mehr über etwas anderes amüsieren.

Auch wenn wir ignoriert oder isoliert werden, verleugnen wir unsere Wahrnehmungen. Weibliche Autoritätspersonen im Berufsleben kennen dieses Problem nur zu gut; die Männer, mit denen sie Tag für Tag zusammenarbeiten, nehmen das, was sie sagen, einfach nicht zur Kenntnis. Solche Frauen fühlen sich dann quasi ›unsichtbar‹ und versuchen, durch Überanpassung wieder ›in Erscheinung‹ zu treten.

Verlassenheitsängste sind ein anderer Stopper. Wenn eine Frau anfängt, ihre eigenen Ideen zu verfechten oder ihr Recht zu fordern – ob im Beruf oder in einer persönlichen Beziehung – kann es vorkommen, daß ihr Partner in Panik gerät. Sie schließt daraus, daß er sie verlassen wird, und starr vor Furcht fällt sie wieder in Schweigen und Anpassung zurück.

Auch das sogenannte ›Geheimnis des ewig Weiblichen‹ wird gegen die Frau eingesetzt. Wie oft schütteln die Männer den Kopf und erklären: »Du bist mir ein Rätsel, ich werde dich wohl nie verstehen.« Das heißt im Klartext soviel wie: »Also laß ich es lieber bleiben.« Wenn die Frau nicht verstanden werden kann, warum sollte der Mann es dann versuchen?

Eine weitere Variante dieser Einstellung ist die ›Glatteis-Frage‹. Wir geben uns die größte Mühe, uns den Männern verständlich zu machen, sie aber demonstrieren völliges Unverständnis und fragen scheinheilig: »Was wollt ihr Frauen denn eigentlich?« Auf diese Frage gibt es keine Antwort. Wir gehen jedoch darauf ein und müssen erkennen, daß sie gar keine Antwort erwarten. Der Trick besteht darin, die Frau aufs Glatteis zu führen, so daß sie ›das Gleichgewicht verliert‹, ausrutscht, auf die Nase fällt und sich lächerlich macht.

Nachdem ich jahrelang vergeblich zu erklären versuchte, was wir Frauen eigentlich wollen und nie damit ankam, lautet meine Antwort auf diese Fangfrage: »Wenn Sie so fragen, werden Sie die Antwort nie verstehen.« Die Frage wird nicht gestellt, um eine Antwort zu bekommen, sondern man möchte damit nur beweisen, daß die Frauen *nicht wissen,* was sie eigentlich wollen. Jeder Versuch einer Antwort ist nutzlos.

Bisher habe ich einige der emotionalen und psychologischen ›Stopper‹ beschrieben, die gegen Frauen eingesetzt werden. Es gibt aber auch physische Stopper. Zu den einfachsten – und wirkungsvollsten – gehört die Berührung. Wie schon erwähnt, wird häufig die Person, die den anderen als erste berührt, in der Beziehung dominieren. Scheinbar unbedeutende Gesten, wie ein kleiner Klaps auf den Kopf oder eine flüchtige Umarmung bestimmen, wer den Ton angibt.

Eine meiner Freundinnen, eine bekannte Feministin, hat oft mit Parlamentariern zu tun. Sie beobachtete, daß die Männer – anscheinend ganz unbeabsichtigt – die Frauen mit ihren Vornamen anreden und ihnen gönnerhaft die Hand auf die Schulter legen. Sie fing deshalb an, das gleiche zu tun. Das ergibt oft lächerliche Situationen: beide stehen da, jeder hat die Hand auf der Schulter des anderen, und es ist gar nicht leicht wieder freizukommen. Sie gleichen zwei Böcken mit ineinander verhakten Geweihen – ein ziemlich komischer Anblick!

Rohe Gewalt ist natürlich ein physischer Stopper! Frauen haben zu Recht Angst, von Männern mit Gewalt an der Wahrnehmung ihrer Interessen gehindert zu werden – genau das passiert ja häufig. Manche Männer verlegen sich auf Vergewaltigung oder körperliche Züchtigung, andere dagegen sind subtiler. Ein großer, wuchtiger Mann etwa braucht sich nur direkt vor der Frau aufzubauen, so daß sie gezwungen ist, zu ihm hochzublicken – schon fühlt sie sich klein. Der Verwalter einer großen amerikanischen Universität z. B. war dafür bekannt, daß er den Frauen Schläge androhte, wenn sie nicht endlich den Mund hielten! Außerdem hob er mit Vorliebe kleine, zierliche Frauen in die Luft und trug sie herum – und nahm ihnen damit jede Autorität.

Eine weitere physische Abblockmethode – der man ebenfalls schwer widerstehen kann – ist Trost. Eine Umarmung, ein verständnisvoller Blick – all das kann uns davon abhalten, einen Konflikt auszutragen oder einen Standpunkt zu verteidigen. Wie können wir mit unseren Männern streiten, wenn sie doch so nett zu uns sind? Auch Bevormundung gehört zu dieser Sympathiemasche und wird seit Jahrzehnten dazu benutzt, Frauen in Schach zu halten.

Es gibt Männer, die geborene Stopper sind. Dazu gehört insbesondere der chauvinistische ›Softie‹. Natürlich ist er *für* die Rechte der Frauen, er bezeichnet sich sogar als Feminist. Er ist empört, wenn man ihn als sexistisch oder bigott bezeichnet. Wie kann man ihn nur so mißverstehen? All seine Anstrengungen, das Richtige zu sagen und zu tun – bedeutet das uns herzlosen Frauen gar nichts?

Folglich versuchen wir, seine Gefühle ja nicht zu verletzen. Ist er doch einer der seltenen Männer, die wirklich versuchen, uns zu verstehen, wie könnten wir ihn vor den Kopf stoßen! Wenn das, was wir sagen oder tun, ihn aufzuregen oder zu bedrohen scheint, hören wir lieber damit auf. Er gibt sich doch solche Mühe! Er ist wie der liberale Weiße, der sich sehr darum bemüht, die Schwarzen und ihre Probleme kennenzulernen, und der erwartet, daß sie *ihn* beachten. Im allgemeinen fühlen sich jedoch die Schwarzen in ihrem System wohler als die Frauen sich in dem ihren. Schwarze übersehen diesen Typ einfach und lassen sich nicht von ihm beeindrucken.

Es gibt viele Methoden, um unseren Feminismus im Keim zu ersticken. Eigenartigerweise kann das Wort Feminismus selbst auch als Stopper wirken – besonders wenn der Mann der Frau Feminismus vorwirft oder eine Frau eine andere, in der Frauenbewegung engagierte Geschlechtsgenossin als ›Feministin‹ beschimpft. Eine Frau, die sich Gedanken über ihre Rechte und die Rechte der Frauen überhaupt macht, kann man mit dem Vorwurf, sie sei gar keine richtige Feministin, vollkommen mattsetzen. Die Folge davon ist, daß sie sich entmutigt von ihren Wahrnehmungen distanziert, und die Frauenbewegung nicht mehr auf sie zählen kann.

Ich habe erlebt, wie viele der in diesem Buch beschriebenen Konzepte als Waffen gegen Frauen eingesetzt wurden. »Du hast dich in das WMS eingekauft. Du bist gar keine wahre Feministin.« Wenn die feministischen Ideen des Weiblichen Systems zu Dogmen erhoben werden, denen sich alle Frauen anpassen müssen, wenn sie nicht als krank, schlecht, verrückt, dumm (oder, noch schlimmer, als konterrevolutionär) bezeichnet werden wollen, dann werden auch diese Ideen zu Stoppern.

Alles kann ein Stopper sein – ein Wort, ein Satz, eine Umarmung, ein Klaps. Nur eines haben alle Stopper gemeinsam: die ›Höhle‹ der Frau wird gewaltsam aufgerissen und der Selbstfindungsprozeß jäh unterbrochen. Ein Stopper wird also dadurch definiert, daß er alles Wachstum und jede Veränderung hemmt und ein geschlossenes System auf Kosten der darin lebenden Frauen (und Männer) aufrechtzuerhalten versucht.

Manchmal fürchten Frauen auch den Verlust ihrer kindlichen Naivität und scheuen aus diesem Grunde davor zurück, eine unabhängige Identität zu entwickeln. Das WMS erwartet von der Frau, daß sie ihre Unschuld und Vertrauensseligkeit bewahrt, während es der Mann mit der feindlichen Welt aufnehmen soll. Wenn nun auch wir Frauen den Apfel vom Baum der Erkenntnis äßen, so würden wir unsere Unschuld verlieren.

Nichts gegen Unschuld. Es wäre gut, wenn es in unserer Kultur mehr davon gäbe. Aber es gibt einen Unterschied zwischen Unschuld per se und kindlicher Unschuld oder Naivität. Um sich eine kindliche Unschuld zu bewahren, darf man niemals erwachsen oder sich seiner Umwelt bewußt werden. Mit anderen Worten, man darf niemals sein ›Bewußtsein erweitern‹. Ich habe viele Frauen kennengelernt, die aus Angst vor dem Verlust ihrer kindlichen Unschuld die Augen vor dem Sexismus in unserer Kultur verschließen.

Der Verlust dieser Unschuld wird häufig gleichgesetzt mit dem Verlust von Hoffnung, Freude und Romantik. Wir fürchten, mit diesem Bewußtsein alle Hoffnung zu verlieren. Wie sollen wir uns jemals wieder ›Hals über Kopf verlieben‹ können. Auch dies ist eine Erscheinungsform des ›Entweder-Oder‹-Syndroms. Entweder bewahren wir uns unsere kindliche Unschuld, oder wir werden zynisch und hart. Entweder müssen wir auf Wachstum und Veränderung verzichten, oder wir müssen es auf uns nehmen, für immer allein und freudlos zu leben.

Wir vergessen dabei, daß es möglich ist, mit beiden Beinen fest auf dem Boden der Tatsachen zu stehen und unsere Träume zu behalten. Wir können als ganze Person die Fülle der Liebe erleben. Niemand möchte seine Hoffnung, seine Freude, seine Träume aufgeben – und wieso sollte er das auch?

Bei meiner Arbeit mit Frauen, die aus diesem Dilemma Unschuld/Zynismus herauszukommen versuchten, machte ich die Entdeckung, daß dieser Entwicklungs- und Wachstumsprozeß zu einem Bewußtseinszustand führen kann, den ich ›wissende Unschuld‹ nenne. Wir beginnen in einem Stadium kindlicher Unschuld (was unsere Kultur für Frauen vorschreibt) und geben uns große Mühe so zu sein, wie das WMS uns haben will. Ängstlich gehen wir den Problemen der Politik, der Wirtschaft, des Rassismus und des Sexismus aus dem Weg. Wir übernehmen die Ehre – und Bürde! –, Hüterin der Hoffnung, der Freude und der Romantik zu sein. Wir vermeiden es tunlichst, uns mit unserer Umwelt auseinanderzusetzen. Wir wollen ja nicht hart und bitter werden!

Im Laufe unseres Reifungsprozesses hin zum erwachsenen Menschen stellen jedoch viele von uns fest, daß es unmöglich ist, diese kindliche Unschuld zu bewahren. Plötzlich können wir sexistische Werbung in den Medien nicht mehr übersehen. Wir können unsere Augen nicht mehr vor Ausbeutung und Unterdrückung verschließen. Wir erkennen, daß wir anfangen müssen, für die Rechte unserer Mitmenschen, unserer Kinder sowie auch für unsere eigenen Rechte einzustehen. Diese neue Erkenntnis überwältigt uns und macht uns Angst!

Wir werden damit konfrontiert, daß wir eine grundlegende Entscheidung treffen müssen. Wir fühlen, daß wir an einem Wendepunkt von faustischen Ausmaßen angelangt sind. Ignorieren wir Unterdrückung – und unterstützen sie damit? Oder wachsen wir – und setzen damit unsere kindliche Unschuld aufs Spiel? Für viele Frauen ist eine solche Wahl zunächst mit Gefühlen der Wut, des Zynismus und der Bitterkeit verbunden. Man muß sich jedoch vor Augen halten, daß dies eine *Übergangs- und Wachstumsphase* ist. Die meisten Frauen fürchten, wenn sie erst einmal einen Schritt in diese Richtung getan hätten, würden sie für ihr weiteres Leben wütend, zynisch und bitter sein. Aber so ist es gerade nicht. Wenn wir nämlich lernen, in unseren Ärger, Zynismus und unsere Bitterkeit hineinzugehen und uns durchzuarbeiten, dann erreichen wir eine neue Entwicklungsstufe, die der ›wissenden Unschuld‹. Erst an diesem Punkt können wir wirklich voll Hoffnung, Freude und Romantik sein. Das geht dann nicht auf Kosten der Realität – im Gegenteil, wir dürfen sehen, was wir sehen, und wissen, was wir wissen. Wir können unseren Wahrnehmungen trauen und gleichzeitig offen, verletzlich und liebend bleiben.

Es gibt im allgemeinen wenig weibliche Modelle, die jene wissende Unschuld verkörpern. Wir müssen deshalb unser eigenes Modell sein. Wenn wir dieses Wagnis eingehen, wird unser Leben reicher und froher werden.

Die Mutter-Kind-Bindung

Manche Frauen nehmen sich nie das Recht auf ein eigenständiges Leben, weil sie die Bindung zu ihrer Mutter nicht gefährden wollen. Bevor ich auf diesen Punkt eingehe, muß ich die verschiedenen Ebenen der Mutter-Sohn- und Mutter-Tochter-Bindung im WMS definieren. Ich befasse mich dabei nicht mit *allen* Ebenen der Mutter-Kind-Bindung, sondern nur mit einigen wichtigen.

In der Mutter-Sohn-Beziehung gibt es vier wichtige Ebenen. Erstens ist da die Frage der angeborenen männlichen Überlegenheit. In unserer Gesellschaft wächst das Ansehen einer Frau, wenn sie ein Kind zur Welt bringt – insbesondere, wenn es ein Junge ist.

Sobald der Sohn geboren ist, hat die Mutter ihm beizubringen, daß er ein überlegenes Wesen ist, und zwar von Geburt an. Die Mutter nimmt diese Aufgabe sehr ernst und erzieht ihren Sohn im vollen Bewußtsein seines Vorrechts. Sie behandelt ihn mit der Achtung, die seiner Stellung gebührt und bereitet ihn auf seinen rechtmäßigen Platz in der Welt vor. Und sie tut gut daran – denn sollte er aus irgendwelchen Gründen versagen, so ist es allein ihre Schuld!

Die zweite Beziehungsebene hat mit der Position zu tun. Eine Mutter kann ihren Sohn noch so lieben – er gehört immer zu der Welt der Männer, die sie kontrolliert und unterdrückt haben. Das heißt, daß sie auch ihm gegenüber Gefühle von Zorn und Feindseligkeit haben muß.

Hier ist ein direkter Zusammenhang mit der Schwierigkeit vieler männlicher Therapeuten, wenn sie mit der Wut ihrer Klientinnen in Kontakt kommen. Sie fühlen sich davor hilflos. Sie haben das Gefühl, immer kleiner zu werden, während die Frauen anscheinend gigantische Ausmaße annehmen und sie vollkommen erschlagen. Ich glaube, das kommt zum Teil daher, daß kleine Jungen auf Gedeih und Verderb von großen wütenden Frauen abhängig sind. Sobald sie erwachsen sind, versuchen sie mit allen Mitteln, die Frauen daran zu hindern, ihren Ärger zu äußern. In unserer Kultur wurden viele raffinierte Methoden entwickelt, um weiblichen Ärger zu unterdrücken.

Die dritte Ebene einer Mutter-Sohn-Beziehung hat mit Ehrgeiz zu tun. Da sie durch das WMS eingeengt ist, hat es eine Frau schwer, ihren eigenen Ehrgeiz zu verwirklichen. Sie konzentriert sich deshalb auf ihren Sohn und bleut ihm ein: »Es werden sich dir Türen öffnen, die mir immer verschlossen blieben – *also streng dich an!*« Er hat nicht die Möglichkeit, andere Lebensstile zu erforschen. Sollte er etwa Hausmann werden, so wäre das seiner Mutter äußerst peinlich. Er muß den Bonus seiner angeborenen Überlegenheit unbedingt nutzen und Karriere machen! Er tut es schließlich nicht nur für sich selbst. Er tut es ja ebenso für sie.

Die vierte Ebene hat damit zu tun, daß wir unsere Bestätigung und Anerkennung über die Kinder bekommen. Das hängt mit der Tatsache zusammen, daß die Frau erst dann ein vollwertiges Mitglied der Gesellschaft ist, wenn sie Kinder produziert. Manche Leute glauben, dies habe sich mit dem Aufkommen der Frauenbewegung geändert, doch da irren sie sich. Man erzähle nur einmal, man habe sich entschieden, keine Kinder in die Welt zu setzen, oder man erwäge, sich sterilisieren zu lassen. Die Reaktion ist eindeutig! Um als vollwertiger Mensch anerkannt zu werden, *muß* eine Frau Kinder haben. Sie hat gar keine andere Wahl. Die Macht, die diese kleinen Wesen – unsere Kinder – über uns haben und die Tatsache, daß unser Wert als Mensch von ihnen abhängt, erzeugt in uns Haß ›auf diese kleinen Biester‹ – wir lieben unsere Kinder, doch wir hassen, was sie symbolisieren.

Die Mutter-Tochter-Beziehung weist die gleichen vier Ebenen auf, nur mit ganz anderen Vorzeichen. Die erste Ebene der Mutter-Tochter-Beziehung hat mit der angeborenen *›Unterlegenheit‹* zu tun (im Gegensatz zur Überlegenheit der Söhne). Eine Mutter muß ihrer Tochter beibringen, wie wichtig es ist, daß sie ›ihren Platz‹ in der Welt kennt. In unserer Kultur obliegt es der Mutter, ihrer Tochter beizubringen, daß sie von Geburt an ein minderes menschliches Wesen ist. Es gibt viele Leute, die uns nur zu gerne bei dieser Aufgabe helfen, und zwar von Anfang an. Mir selbst sind im Laufe meines Lebens eine ganze Reihe dieser Helfer über den Weg gelaufen.

Mein erstes Kind war ein hübsches kleines Mädchen. Wenn sie mir in der Klinik von einer Schwester gebracht wurde, hörte ich jedesmal so etwas wie: »Na ja, fürs nächste Mal mehr Glück«, oder »Es ist jammerschade, daß Ihr Erstes ein Mädchen ist, aber wenigstens ist sie hübsch.«

Als mein nächstes Kind – ein Junge – geboren wurde, klang das ganz anders. Eine Schwester sagte doch tatsächlich: »Endlich haben Sie es geschafft! Nachdem Sie jetzt Ihren Jungen haben, wollen Sie wohl keine Kinder mehr.«

Keines meiner Kinder hatte irgend etwas getan, um Verachtung bzw. Lob zu verdienen. Sie waren lediglich zur Welt gekommen – und doch waren sie schon als unterlegen bzw. überlegen klassifiziert.

Frauen, die ›ihren Platz‹ nicht kennen, werden von ihrer Umwelt sehr angefeindet. Deshalb glauben wir, unseren Töchtern beibringen zu müssen, ›artige kleine Mädchen‹ zu sein. Wir wollen sie sorgfältig dazu anhalten, sich damenhaft zu benehmen, so daß sie sich niemals den Zorn des WMS zuziehen. So versuchen die Mütter, ihre Töchter vor schmerzlichen Erfahrungen zu schützen.

Die zweite Beziehungsebene ist außerordentlich wichtig und betrifft die Tatsache, daß sich Frauen als Angehörige der gleichen unterdrückten Gruppe solidarisch fühlen. Zwischen Frauen und ihren Töchtern entsteht ein Band der Sympathie, die ›Sympatico-Verbindung‹. Hieraus bezieht das Mädchen vor allem Wärme und Kraft. Darin liegt unsere Rettung, da wir dadurch ein Zusammengehörigkeitsgefühl in einer uns fremden Kultur erleben.

Diese Verbindung wird von Frauen oft als Kraftstrom erlebt, der vom Solarplexus ausgeht (wobei ich bemerkenswert finde, daß dieses Band zwar alle Eigenschaften der Nabelschnur aufweist, aber über dem Nabel lokalisiert wird). Es ist ein Band zwischen Leidensgenossinnen. Wir signalisieren unseren Töchtern: »Ich weiß, wie es ist, in dieser Kultur aufzuwachsen. Ich habe das auch durchgemacht. Uns verbindet gemeinsames Leid. Es gibt uns Kraft und Nähe.« *Wir erkaufen diese Verbundenheit durch Leiden.* Wenn wir nicht mehr leiden, droht der Verlust dieser Bindungen. Es ist ein zweischneidiges Schwert.

Wenn sich Frauen auf sich selbst besinnen und sich von innen heraus zu definieren versuchen, beginnen sie auch nach neuen Formen eines erfüllten und glücklichen Lebens zu forschen. Fast immer führt dies zu Spannungen innerhalb der Mutter-Tochter-Beziehung und erzeugt Panik auf beiden Seiten (wobei gleichgültig ist, wer als erste das Recht auf Selbstbestimmung fordert, Mutter oder Tochter). Immer wieder höre ich Frauen sagen: »Ich fühle mich langsam besser, ich mag mich wieder, aber meine Mutter muß ich jetzt auch auf Trapp bringen.« Plötzlich wird die Mutter mit feministischen Büchern und Ideen überschwemmt. Sie wird zu zahllosen Vorträgen und Seminaren eingeladen. Irgendwie haben wir das Gefühl, keinen weiteren Entwicklungsschritt tun zu können, wenn nicht auch unsere Mütter bereit sind, ihr Leiden loszulassen!

Wir wollen uns zwar weiterentwickeln und uns verwirklichen, fürchten jedoch, daß wir die lebenswichtige Bindung zu unseren Müttern verlieren, wenn wir aufhören zu leiden. Es gibt auch tatsächlich Mütter, die nur dann eine Beziehung zu ihren Töchtern haben können, wenn diese auch leiden!

Eine meiner Klientinnen hatte so eine ständig leidende Mutter. Meine Klientin hatte gerade angefangen, sich stark und wohl in ihrer Haut zu fühlen, als sie spontan beschloß, ihre Mutter zu besuchen. Diese weigerte sich einfach, ihre veränderte, selbstsichere Tochter anzunehmen. Die Tochter versuchte tagelang, ihre Mutter zu überzeugen und gab dann schließlich auf. Da sie mit ihrer Mutter nicht mehr kommunizieren konnte, wurde sie depressiv. Auf diesen Zustand nun reagierte die Mutter positiv. Meine Klientin hatte also die Wahl – sie konnte entweder depressiv bleiben und eine gute Beziehung zu ihrer Mutter behalten, oder sie konnte sich gut fühlen und mußte dann die lebenswichtige Verbindung zur Mutter lösen.

Dieses Dilemma erzeugt oft eine ganz starke Todesangst. Frauen haben Angst davor, das Band zwischen sich und ihrer Mutter zu zerschneiden, denn sie befürchten, daß das einem Todesurteil gleichkommt – für eine, wenn nicht gar für beide. Ich habe tatsächlich solche Aussagen von Frauen gehört, sie lauten etwa: »Wenn ich mich weiterentwickle und glücklich werde, so wird das meine Mutter umbringen.« Oder: »Wenn ich mein eigenes Leben lebe, woher nimmt dann meine Mutter ihre Lebenskraft?« Wir fühlen uns so verantwortlich für unsere Mütter, daß wir glauben, auf ein eigenes Wachstum verzichten zu müssen. Sich vom Leiden loszusagen, kommt für manche Frauen dem Muttermord oder Selbstmord gleich. Welch entsetzliches Dilemma!

Die dritte Beziehungsebene der Mutter-Tochter-Beziehung ist ebenfalls ein zweischneidiges Schwert: der Ehrgeiz. Einerseits geben Mütter ihren Töchtern die Botschaft: »Geh und schau zu, daß du eine ordentliche Ausbildung bekommst, so daß du es weiterbringst als ich!« *Aber* – und dies ist ein sehr schwerwiegendes ›Aber‹, sie sagen gleichzeitig: »Heirate, setze Kinder in die Welt, werde eine ordentliche Hausfrau und putze Toiletten – so wie ich!« Die *wirkliche* Botschaft der Mütter heißt also: »Ich bin nicht zufrieden damit, wie ich mein Leben gelebt und welche Entscheidungen ich getroffen habe. *Du bist dazu da, meine Wahl zu rechtfertigen.* Du kannst das, indem du die gleichen Entscheidungen triffst wie ich und es außerdem in der Welt noch zu etwas bringst.«

Durch derart widersprüchliche Forderungen kann die Tochter natürlich total verwirrt werden. Einerseits soll sie eine höhere Ausbildung und bessere Arbeit haben als ihre Mutter, andererseits soll sie Ehefrau, Mutter und Hausfrau sein. Nur so kann sie das Unbehagen mildern, das die Mutter gegenüber ihren eigenen Entscheidungen empfindet. Geht die Tochter auf diese Forderungen nicht ein, heißt es, sie anerkenne nicht, was ihre Mutter geleistet habe.

Die vierte Ebene der Mutter-Tochter-Beziehung, die des instinktiven Hasses, hat mit der Tatsache zu tun, daß ein Mädchen immerhin besser ist als gar kein Kind. Einerseits muß eine Frau Nachkommen haben, um in dieser Kultur etwas zu gelten, andererseits wehrt sie sich gegen die Tatsache, daß sie nicht um ihrer selbst willen anerkannt wird, sondern ihren Wert über ein anderes Wesen erhält – besonders wenn dieses Wesen nicht nur klein, sondern auch noch minderwertig ist.

Es gibt Paare, die ihre Ehe ausschließlich auf den Beziehungen aufbauen, die sie zu ihren Müttern hatten. Vielleicht haben beide ihre Mutter gehaßt, oder die Mutter sie. Dies wird dann das gemeinsame Band zwischen ihnen. Wenn sie jemals dazu kommen, ihren Mutterkomplex aufzuarbeiten, stellen sie häufig fest, daß sie keine gemeinsame Basis mehr haben und entweder getrennte Wege gehen oder ganz von vorne anfangen müssen.

Die bisher besprochenen Gesichtspunkte umfassen keineswegs das ganze Spektrum der Mutter-Kind-Beziehung; da sie jedoch so selten diskutiert oder verstanden werden, müssen sie wichtig sein! Zusammengenommen bieten sie jedoch eine Erklärung dafür, warum Frauen sich so vor ihrer eigenen Kraft, ihrer Weiblichkeit, ihrer Fähigkeit zum Glücklich- und Vollständigsein fürchten. Denn wenn wir frei und unabhängig werden, gehen wir das Risiko ein, von Männern wie auch von Frauen bestraft oder abgelehnt zu werden. Außerdem müssen wir vielleicht sogar die so überaus wichtige Beziehung zu unserer Mutter opfern.

Grünes Licht für rote Wut

Bei meiner Arbeit mit Frauen entdeckte ich, daß viele von uns ganz ähnliche Vorstellungen über unsere Wut und ihre Auswirkungen haben.

Sollen wir uns nämlich unsere Wut und ihre Auswirkungen bildlich vorstellen, so haben wir oft die Vision eines toten, wüsten Landes. Es gibt kein Leben – keine Menschen, Tiere oder Pflanzen. Nur ein paar Rauchfetzen hier und da. Alles ist zerstört!

Frauen sind der festen Überzeugung, daß ihre Wut so verheerend sein kann wie eine Atombombe – auch wenn sie das nur selten zugeben. Wir glauben, alles um uns herum zu zerstören und völlig allein zurückzubleiben, wenn wir es wagen, unsere Wut zu äußern.

Was passiert dann tatsächlich, wenn eine Frau in Wut gerät? Die Männer gehen ihr aus dem Weg oder verlassen sie. Die anderen Frauen ziehen sich von ihr zurück, weil das an ihre eigene unterdrückte Wut rührt. Sie wird alleingelassen.

Von Kindesbeinen an wird der Frau eingebleut, ihre Wut sei fehl am Platz. Es ist nicht ›nett‹, ärgerlich oder wütend zu werden. Es ist nicht ›ladylike‹. Ich habe herausgefunden, daß es niemals unangebracht ist, wenn man sich darüber ärgert, daß man von Geburt an als minderwertig eingestuft wird. Im Gegenteil, heute glaube ich, daß es ein Zeichen seelischer Gesundheit ist! Es ist viel einfacher, mit wütenden oder depressiven Frauen in Therapie zu arbeiten, als mit abgestumpften, gefühlsarmen.

Obwohl die Wut einer Frau per se immer ihre Berechtigung hat, ist sie doch fast *immer in der jeweiligen Situation unangemessen.* Ich habe mir einen Vergleich ausgedacht, der die Situation ganz gut trifft. Bei der Geburt (oder auch schon vorher) bekommt jede Frau einen großen Behälter, der Müll aufnimmt und zusammendrückt. Wir schleppen ihn immer pflichtbewußt mit uns herum. Jedesmal, wenn man uns beiseite schiebt, demütigt oder herabsetzt, werfen wir ein Stück Ärger-Müll in unseren Behälter, aber wir *lassen diese Gefühle niemals heraus.* Alles wird geschluckt.

Sobald wir dem angestauten Ärger Luft machen dürfen, explodieren nicht nur die Wutgefühle, die aus der betreffenden Situation herrühren. Der ganze Müll wird ausgekippt. Wir stehen dann vor einem Riesenberg aufgestauten Ärgers (dessen Höhe von der Anzahl der Jahre abhängt, die wir in dieser Kultur verbracht haben), und wir werden sofort damit konfrontiert, wie unangemessen hoch er ist.

Natürlich ist er unangemessen (zumindest was den Auslöser anbetrifft). Er ist allerdings nicht unangemessen, wenn man bedenkt, daß die Frau ihr gesamtes bisheriges Leben in einem männlichen System verbrachte. Da wir jedoch wissen, daß die Vorwürfe, die wir daraufhin zu hören bekommen, wenigstens teilweise berechtigt sind, geben wir schnell klein bei. Frauen brauchen deshalb die Möglichkeit, ihren ›Müllbehälter‹ von Zeit zu Zeit zu entleeren, und zwar in einer Umgebung, wo sie sich sicher und angenommen wissen.

Da ich schon beim Thema ›Angemessenheit‹ bin, möchte ich noch darauf eingehen, wie unsere Kultur überhaupt mit Gefühlen umgeht. Wir hören oft, dieses oder jenes Gefühl sei nicht logisch, rational, vernünftig oder angemessen. Das heißt im Klartext, das betreffende Gefühl sei falsch oder schlecht. »So darfst du gar nicht fühlen«, »Warum regst du dich so auf?«, »Du bist unvernünftig!«

Wer hat denn behauptet, Gefühle könnten oder sollten logisch, rational, vernünftig oder angemessen sein? Über Gefühle kann man nicht bestimmen. Man hat sie einfach. Sie werden dadurch gerechtfertigt, daß sie da sind – durch nichts anderes. Wenn jemand ein bestimmtes Gefühl hat, so ist das legitim und das ist alles. Das heißt nicht – zumindest nicht für mich –, daß man seinen Gefühlen bei jeder passenden Gelegenheit freien Lauf lassen sollte (wie einige Therapeuten vorschlagen). Ich glaube aber, daß es wichtig ist, seine Gefühle ›anzunehmen‹ und sie nicht zu verdrängen. Sie sind da und haben das Recht, da zu sein.

Manche feministische Therapeutinnen ermutigen ihre Klientinnen, ihre Wutgefühle überall da abzureagieren, wo sie auch entstanden sind – d. h. sie an die Adresse der Chefs, Ehemänner oder gegen das WMS allgemein zu richten. Ich ermutige zwar meine Klientinnen auch, ihre Wut anzunehmen und zu äußern, doch diese Methode kann ich guten Gewissens nicht empfehlen. Sie ist meiner Meinung nach aus zwei Gründen unklug: 1. sie kann dem Therapeuten als Vorwand dienen, seine eigenen Probleme auszuagieren, und 2. sie setzt die Klientin dem Vorwurf ›unangemessenen‹ Verhaltens aus und kann eine übermäßige Gegenreaktion des anderen auslösen. Frauen sind sehr leicht zu erschüttern, wenn man sie mit ihrer eigenen Wut konfrontiert. Sie fürchten sich davor. Anstatt ihre Wut da abzureagieren, wo ihnen das schaden kann, sollten Frauen die Möglichkeit haben, sie in einer sicheren Umgebung ungestraft herauszulassen. Das kann bei einem Therapeuten sein oder in einer Selbsthilfegruppe. Wo immer das auch ist – sie sollte ihre Wut ohne Angst loswerden können und sich hinterher ein wenig erleichtert fühlen.

Frauen in Therapie: Prozeß und Fortschritt

Als ich anfing, mich für Frauenfragen zu interessieren, war mein Hauptanliegen, verbesserte Therapiemöglichkeiten für Frauen zu finden. Ich erkannte, daß im allgemeinen die Therapie für Frauen sehr zu wünschen übrig ließ. Denn ein Großteil der sogenannten ›Hilfe‹ zielte darauf ab, sie zur Anpassung an das WMS und zur Akzeptierung ihrer Rolle zu bewegen. Nur sehr wenig Therapeuten verstanden die Frauen wirklich, und die meisten Theorien über die Psychologie der Frau stammten entweder von Männern oder aber von Frauen, die in der Denkweise des WMS geschult waren.

Der Frauentherapie gilt auch heute noch meine größte Sorge. Obwohl es in den letzten Jahren manch positiven Ansatz gegeben hat, bin ich immer noch nicht davon überzeugt, daß das Hauptanliegen der Therapeuten darin besteht, den Frauen zu helfen, so daß ihre Verletzungen abheilen und sie sich zu ganzheitlichen Individuen entwickeln können. Ich behaupte nicht, die Mehrzahl der Therapeuten sei böswillig – sie wissen es nur nicht besser.

Wie sieht eine gute Therapie aus? Welche Prinzipien sollten ihr zugrunde liegen? Was heilt, was verletzt? Dies sind einige der Fragen, denen ich nachgegangen bin. Das Ergebnis meiner Untersuchungen nenne ich ›Prozeß-Therapie‹. Einige Grundzüge dieser Therapie möchte ich an dieser Stelle vorstellen.

Um weiblichen Klienten wirklich helfen zu können, muß der Therapeut ein fundiertes Wissen vom Weiblichen System und vom WMS haben. Sie – oder er – muß verstehen, was es bedeutet, als Frau in unserer Kultur aufzuwachsen. Sie – oder er – muß verstehen, daß eine Frau im Laufe ihres Lebens viele negative Erfahrungen macht, bloß weil sie eine Frau ist, und daß diese Erfahrungen nicht unbedingt etwas mit ihr als Mensch zu tun haben – etwa, weil sie von der Sache nichts versteht, ein ›Drachen‹ oder begriffsstutzig ist. Natürlich haben auch Frauen die üblichen psychologischen Probleme, aber es ist außerordentlich wichtig, daß der Therapeut zwischen kulturell bedingten und psychologischen Problemen zu unterscheiden weiß.

Therapie für Frauen muß unbedingt auch die ›weibliche Erfahrung‹ berücksichtigen – wie immer sie auch sein mag. In der Vergangenheit bedeutete ›Realitätssinn‹ oft, die Dinge nach Art der WMS-Menschen sehen zu können, aber die Realität der Frau kann ganz anders aussehen. Der therapeutische

Prozeß muß deshalb die ureigensten Erfahrungen der Frau gelten lassen und ihr helfen, sie kennenzulernen und zu verstehen.

Man sollte einer Frau niemals ihre Wahrnehmungen ausreden wollen. Wenn sie das Gefühl hat, am Arbeitsplatz diskriminiert zu werden, dann wird sie es! Wenn sie glaubt, mit einem männlichen Chauvinisten verheiratet zu sein, dann ist sie es! Sie lebt schließlich in dieser unserer Kultur! Erst wenn ihre Wahrnehmungen angenommen und gutgeheißen werden, kann sie ein Selbstvertrauen entwickeln. Wenn sie nicht mehr so viel Angst vor den Beschuldigungen der anderen hat, ist sie eher bereit, ihre Wahrnehmungen zu überprüfen. Sie wird lernen, zwischen richtigen und falschen Wahrnehmungen zu unterscheiden.

Ein Therapeut, der mit Frauen arbeitet, sollte sich davor hüten, zu viele vorgefaßte Meinungen oder Zielsetzungen zu haben. Wir wissen so wenig! Nur wenn wir den Prozessen der Frauen vertrauen und sie dazu ermutigen – ganz gleich, wie sie auch sein mögen –, können wir ihnen helfen, sie durchzuarbeiten und hinter sich zu lassen.

Meine Therapie ist schlecht, wenn ich schon im voraus zu wissen glaube, welche Richtung die Klientin einschlagen und wie sie das Ziel erreichen müßte. Ich muß mir immer bewußt machen, wie wichtig es ist, für die ganz spezifischen Prozesse meiner Klientin offen zu bleiben.

Zugegeben, dies ist gelegentlich sehr schwierig und schmerzlich für mich – besonders dann, wenn sich eine meiner Klientinnen selbst haßt. Trotzdem habe ich die Erfahrung gemacht, daß sie nur weiterkommt, wenn ich ihr helfen kann, auch ihre dunkelsten Seiten zu entdecken.

Ich bin überzeugt, daß der therapeutische *Prozeß* viel wichtiger ist als sein *Inhalt*. Wenn eine Reihe von Sitzungen den Selbsthaß der Klientin zum Thema hat und der Therapeut ihr hilft, diesen Haß zu erkennen und anzunehmen, dann ist die Wahrscheinlichkeit viel größer, daß die Klientin von diesen selbstzerstörerischen Gefühlen loskommt. Die Frau wird bei diesem Therapieprozeß unterstützt und bestätigt und bekommt nicht schon wieder zu hören, daß sie etwas verkehrt macht.

Ich kenne feministische Therapeuten, die es nicht ertragen können, wenn Frauen sich selbst hassen. Sie versuchen ihre Klientin davon zu überzeugen, daß sie eine wertvolle, vortreffliche Persönlichkeit ist, auch wenn sie sich ganz anders fühlt. In solchen Fällen hört die Klientin wiederum eine Autoritätsperson – die Therapeutin – sagen: »Ich weiß mehr von dir als du selbst.« Und das ist für eine verunsicherte Frau sehr destruktiv.

Ich habe bis jetzt noch keine Klientin erlebt, die trotz meiner Erlaubnis in ihrem Selbsthaß steckengeblieben ist. Wird dieser Prozeß unterstützt, kann sie einen Schritt weitergehen. Wenn wir es nur lernen könnten, den therapeutischen *Prozeß* zu unterstützen, könnten wir die Heilung unserer Klientinnen beschleunigen. Unglücklicherweise verführt uns viel zu oft der Inhalt.

In der Therapie mit Frauen ist ›Körperarbeit‹ (die Arbeit mit dem Atem und den Spannungen im Körper) ebenfalls sehr wichtig. Der Therapeut sollte auf diesen Gebieten entweder über eigenes Wissen und Fertigkeiten verfügen oder mit jemandem zusammenarbeiten, der etwas davon versteht. Wir müssen lernen, wie wir die körperlichen Blockierungen auflösen können – Gefühle von Spannung, Taubheit und Abgestorbenheit –, so daß unsere Klientinnen ihre Gefühle erfahren und konstruktiv mit ihnen umgehen können. Ich habe herausgefunden, daß die Therapiedauer wesentlich verkürzt werden kann, wenn ich mit dem Atem und den Körperspannungen arbeite.

Schließlich – und dies ist vielleicht am wichtigsten – muß die therapeutische Umgebung *absolut geschützt und sicher* sein. Dafür ist der Therapeut verantwortlich. Oft ist es besser, wenn der Therapeut sich zurückhält und einer Frau nur ruhig zuhört. Frauen erfahren außerhalb der Therapie genug Konfrontation.

Eine Therapie kann keine Heilung bewirken, wenn sie nur die Ansprüche unserer Kultur bekräftigt, wenn sie nur darin besteht, daß eine Autoritätsperson einer Klientin direkt oder implizit zu verstehen gibt, was mit ihr nicht stimmt und wie sie eigentlich sein sollte. In einer geschützten Atmosphäre haben Frauen die Möglichkeit, sich zu entfalten und zu wachsen, und zwar nach ihrem ureigenen Tempo. Sie zahlen ja schließlich dafür! Sie brauchen nicht dafür zu zahlen, daß sie sich dem Tempo des Therapeuten anpassen. Das können sie auch außerhalb der Therapie haben.

Frauen haben ein gutes Gespür, wie sie sich selbst heilen können. Sie müssen nur ermutigt werden, nicht beurteilt. Sie müssen befreit werden, nicht gegängelt. Und was das Wichtigste ist – sie müssen mit sich selber einverstanden sein dürfen. Diese Erfahrung machen sie so selten, daß die Therapeuten alles tun sollten, um ihnen dazu zu verhelfen!

Ich habe außerdem festgestellt, daß zwar der Prozeß bei jeder Frau anders verläuft, daß aber fast jede Frau eine Reihe ähnlicher Phasen durchmacht, wenn sie einmal angefangen hat, ihre eigenen Themen zu bearbeiten.

Frauen entschließen sich aus den unterschiedlichsten Gründen zu einer Therapie. Manche haben Schwierigkeiten in ihrer Ehe, andere sind schwer depressiv, manche wollen einfach mehr über sich herausfinden. In den Anfangsstadien wird oft die meiste Zeit und Energie darauf verwendet, sich mit den Gefühlen auseinanderzusetzen, was es heißt, eine Frau und damit von Geburt an ein zweitklassiges Wesen zu sein. Andere Themen beinhalten vielleicht die Ablehnung anderer Frauen, das Mißtrauen den Geschlechtsgenossinnen gegenüber und die Geringschätzung aller Weiblichkeit. Diese Gefühle gehen meistens Hand in Hand mit Selbsthaß.

Als Therapeutin versuche ich, der Klientin zu helfen, ihre Gefühle zu äußern und ihr die Erfahrung zu geben, daß sie so angenommen wird, wie sie ist. Ich sage ihr niemals, wie sie meiner Meinung nach sein sollte! Wenn eine Frau kommt und sagt, sie hasse andere Frauen, erlaube ich ihr das. Wenn sie darauf besteht, daß Weiblichkeit minderwertig ist, erlaube ich es auch. Natürlich versuche ich auch, mit ihr die Ursachen dieser Gefühle zu ergründen.

Ich erlebe oft, wie nötig es ist, daß schon ganz am Anfang der Therapie die Wahrnehmungen der Frauen gutgeheißen und bestätigt werden. Die meisten Frauen wurden dazu erzogen, ihren Wahrnehmungen zu mißtrauen, und sie haben nur selten die Möglichkeit, sie zu erforschen, ohne kritisiert und abgewimmelt zu werden. Wenn ihre Wahrnehmungen nicht anerkannt werden, können sie sich und andere Menschen niemals verstehen, weil sie weiterhin ihrer Art, die Dinge zu sehen, mißtrauen.

Jede Wahrnehmung hat ihre Berechtigung, und ich mache das immer ganz deutlich. Ich kann nicht genug betonen, wie wichtig dies ist! Wenn eine Frau erst einmal erkannt hat, daß ihre Wahrnehmungen nicht schlecht, krank, verrückt usw. sind, steigt ihr Selbstwertgefühl, und sie ist eher bereit und auch in der Lage, sich mit ihren eigenen Wahrnehmungen kritisch auseinanderzusetzen.

Frauen, die in Therapie kommen, sind oft schwer geschädigt. Sie haben zudem eine ungeheure Bereitschaft, sich schuldig zu fühlen. Hier können Frauengruppen sehr hilfreich sein. Frauen sind sich ihrer Wahrnehmungen so unsicher, daß es enorm hilft, wenn neben dem Therapeuten auch andere Leute diese Wahrnehmungen bestätigen. Die Gruppensituation bietet vielen Frauen zum ersten Mal die Gelegenheit, sich auszusprechen, ohne sich ständig erklären zu müssen.

Wenn Frauen ihre Wahrnehmungen zu erforschen beginnen, beschuldigen sie zunächst die anderen. Ich halte dieses Vorwürfe-Machen für einen wesentlichen Teil der Therapie. Wir beschuldigen unsere Männer. Wir beschuldigen unsere Familien, unsere Eltern, die Kirche, die Schulen, die Kultur. Ich versuche, meiner Klientin Hilfestellung zu geben bei diesem Prozeß des Beschuldigens. Ich kenne keine Frau, die es noch nie mit einem sexistischen Ehemann, einer sexistischen Kultur, einer sexistischen Familie, Eltern, Kirche, Schule etc. zu tun hatte! Das ist vielleicht nicht das vollständige Bild, aber ein Großteil stimmt sicherlich. Jeder Vorwurf enthält ein Körnchen Wahrheit.

Manche Therapeuten erlauben entweder gar keine Beschuldigungen oder blocken sie bald ab. Sie befürchten, daß eine Klientin, die ›sich bemitleiden‹ darf, kein Ende findet. Ich habe das Gegenteil festgestellt. Wenn ich die Klientin ermutige, ihre Anklagen zu formulieren, ist sie weitaus schneller damit fertig als ich. Die Frau, die aus dieser Phase des Beschuldigens nicht herausgefunden hat, muß ich erst noch kennenlernen!

Ein weiteres Thema in jeder guten Therapie ist die Opferhaltung. Manche Therapeuten glauben, daß es für die Klientin nicht gut ist, wenn sie sich mit ihrer Rolle als Opfer zu stark beschäftigt. Dem stimme ich nicht zu. Es gibt heutzutage keine Frau, die sich nicht schon einmal in der Rolle des Opfers befunden hat. Frauen werden unterdrückt, weil sie Frauen sind und weil ihre Wahrnehmungen als wertlos verworfen werden. Erst wenn sie sich dieser Tatsache und allen daraus resultierenden Gefühlen stellen können, werden sie aus der Rolle des Opfers herausfinden.

Erst wenn wir einer Frau helfen einzusehen, daß ihre Wahrnehmungen gültig sind und daß sie das Recht hat, andere anzuklagen und sich als Opfer zu fühlen, kann sie mit ihrer Wut in Kontakt kommen. Dies ist ein sehr wichtiges Stadium in der Therapie von Frauen, und ich kenne nur sehr wenig Therapeuten, die damit effektiv umgehen können, ohne diesen Prozeß auf irgendeine Weise zu hemmen. Die meisten Therapeuten brauchen eine spezielle Ausbildung, bevor sie den Klientinnen helfen können, ihre Wut zuzulassen. Haben sie das nicht, kann es für alle Beteiligten eine bedrohliche und lähmende Erfahrung werden.

Wenn eine Frau nicht schon zuvor an einer Frauengruppe teilgenommen hatte, sollte sie zu diesem Zeitpunkt der Therapie ermutigt werden, sich einer solchen anzuschließen. Es gibt meiner Meinung nach zwei Hauptgründe, die ein Gruppensetting notwendig machen: Eine Gruppe kann helfen, verdrängte Wutgefühle freizusetzen und ans Licht zu bringen, so daß man damit arbeiten kann, und vor allem bietet die Gruppe eine gute Hilfestellung.

Frauen haben panische Angst davor, von Männern und anderen Frauen verlassen zu werden. Sie sind davon überzeugt, daß das passieren wird, wenn sie anfangen, ihre Wut zu äußern. Die Gruppe hat unter anderem die Aufgabe, die Frau davon zu überzeugen, daß dies nicht eintritt. Jedes Gruppenmitglied sollte sich darüber hinaus verpflichten, die Gruppe nicht zu verlassen, auch wenn die Wut der beteiligten Frauen mit voller Vehemenz hervorbricht. Das ist in diesem Fall absolut notwendig!

Innerhalb der Gruppe sollte jede Frau die Möglichkeit haben, ihre Wutgefühle voll und ganz auszupacken. Das geht manchmal so weit, daß die anderen Gruppenmitglieder sich selbst und die ›Wütende‹ psychisch und körperlich schützen müssen. Wenn die ›Wütende‹ gezwungen ist, sich dauernd unter Kontrolle zu halten, kann sie nicht bis auf den Grund ihrer Wut gelangen.

In manchen Fällen ist es hilfreich, wenn die anderen Gruppenmitglieder ihr auch einen körperlichen Halt geben. Ich meine damit nicht die alte Encounter-Technik des Festhaltens, damit jemand ›ausbrechen‹ kann, sondern ein liebevolles, aber dennoch festes ›Halten‹. Dadurch wird ein gewisser Rahmen gegeben, den manche Frauen brauchen, bevor sie ganz in ihre Wut eintauchen können.

Wuterlebnisse können sowohl für die Klientin als auch für den Therapeuten beängstigend sein. Werden sie jedoch richtig angegangen, zeigen sich so deutliche Änderungen und Entwicklungen, daß man lernt, diesen Gefühlen zu vertrauen. Und wieder ist Erlaubnis der ›Schlüssel‹. Wenn eine Frau behutsam angeleitet wird, ihre Wut zu erforschen, wird sie sie ziemlich schnell durchstehen. Weiß der Therapeut aber nicht, wie er mit der Situation umgehen soll, kann sich die Sache endlos hinziehen.

In diesem Zusammenhang ist eine Warnung angebracht. Wenn eine Frau ihre Wutphase durcharbeitet, sollte sie ihr Therapeut *niemals* dazu bringen wollen, auch ›die andere Seite‹ zu sehen. Manche Therapeuten halten es für nötig, an diesem Punkt die Rücksichtnahme auf andere anzubringen (und zwar meistens deshalb, weil sie selber Schwierigkeiten haben, mit der Wut ihrer Klientin umzugehen und weil sie wollen, daß man auch auf ihn, den Therapeuten, Rücksicht nimmt). Das bringt oft nur den Prozeß zum Stillstand. Der Therapeut muß dem Prozeß vertrauen und erkennen, daß eine Weiterentwicklung seiner Klientin nur möglich ist, wenn sie zunächst da durchgeht.

Es fällt manchen Frauen schwer, ihre Wut zu erforschen und sie herauszulassen, weil sie noch nie voll hineingegangen sind. Sie mögen zwar im Laufe ihres Lebens verschiedentlich daraufgestoßen sein, aber entweder waren die Auswirkungen so katastrophal oder die Erkenntnis von dem Ausmaß der verdrängten Gefühle so stark, daß sie lieber nicht daran rührten. Schon die erste Erfahrung mit dem Ausmaß ihrer Wut läßt die Frau erkennen, daß dieses Gefühl nicht etwas ist, was sie vollkommen überwältigt, sondern daß sie hineingehen und wieder hinausgehen kann, wenn immer das nötig ist.

Während der Wutphase machen Frauen oft Aussagen wie: »Es ist einfach ungerecht« oder »Ich wurde betrogen.« Auch dies muß der Therapeut zulassen. Oft wütet die Frau gegen die ganze Welt. Sie glaubt vielleicht, sie müßte ihre Wut eigentlich auf jemanden Bestimmten richten, aber das ist gar nicht nötig. Es kommt nur darauf an, daß sie ihre Erlebnisse und ihre Wut zum Ausdruck bringt.

Ich hatte einmal eine Klientin, die eine ganze Stunde damit zubrachte, sich wütend über die Weltwirtschaftskrise im Jahre 1929 auszulassen, weil damals ihrer Mutter so übel mitgespielt wurde.

Nachdem sich eine Frau ihrer Wut gestellt hat – besonders wenn sie dies in der hilfreichen Atmosphäre einer Frauengruppe tun konnte –, ist sie bereit, in die nächste Phase des Therapieprozesses einzutreten. Sie beginnt, sich selbst und andere Frauen zu erforschen und kennenzulernen. Sie fängt an, sich selbst zu bestimmen. Sie fängt an, ihre eigenen Wahrnehmungen kritisch unter die Lupe zu nehmen, anderen Frauen zuzuhören und Dinge von ihnen anzunehmen. Sie beschäftigt sich intensiv mit ihrer ›Höhle‹, entschließt sich, damit zu arbeiten und verliert einen Teil ihrer Angst davor. Sie beginnt, andere Frauen zu mögen, ihnen zu vertrauen und ihre Gesellschaft zu suchen. Sie entdeckt, was es heißt, Weiblichkeit und andere Frauen zu mögen.

Es gibt Frauen, die in diesem Stadium weibliche Chauvinisten werden. Einige Therapeuten (meistens Männer) haben die Befürchtung geäußert, Frauen könnten in diesem Stadium lesbisch werden.

Wenn dies bei manchen Frauen der Fall ist, dann nur, weil sie die Möglichkeit haben, ihr wahres Selbst zu entdecken. Jedenfalls muß die Liebe einer Frau für eine andere Frau nichts mit Sexualität zu tun haben. Das scheint viele Leute sehr zu beunruhigen. Sie sehen nicht, um was es wirklich geht! Frauen bekommen in dieser Phase die beste Unterstützung von anderen Frauen. Sie nehmen die Gelegenheit wahr, innerhalb des Weiblichen Systems zu kommunizieren und Ideen auszutauschen. Und so sollte es auch sein.

Erst nach dieser Phase sind Frauen imstande, das WMS in seiner Eigenart zu erkennen. Zu diesem Zeitpunkt hat die Frau genügend Selbstvertrauen entwickelt, um darüber nachzudenken, inwieweit sie sich dem System verkauft hat und sich dadurch entwertet. Ihr Vertrauen in andere Frauen ist nun so groß, daß sie deren ›feedbacks‹ und Einsichten annehmen kann, und sie ist stark genug, sich nicht verteidigen zu müssen, wenn ihre eigenen WMS-Spiele aufgedeckt werden. Wenn man ihr vorhält, sie sei zu sehr ›WMS‹, kann sie entscheiden, ob das System in der betreffenden Sache mit ihren eigenen Bedürfnissen übereinstimmt oder ob die Sache einer Überprüfung bedarf.

Diese Phase – die Endphase der Prozeß-Therapie! – ist bei vielen traditionellen Therapien der Ausgangspunkt! Manche Therapeuten meinen, daß es einer Frau Kraft gibt, wenn man ihr sagt, daß sie ihr Leben selbst in der Hand hat. Das funktioniert aber nicht, solange die Klientin nicht die hier beschriebenen früheren Phasen durchlaufen hat. Eine solche Therapie wird dann wieder nur als eine Fremdbestimmung empfunden.

Wenn sich die Klientin als machtloses Opfer fühlt und der Therapeut ihr sagt, sie sei stark, dann ist das für sie eine weitere Bestätigung, daß ihre eigenen Wahrnehmungen wertlos sind.

Wieder einmal befindet sie sich in einer Situation, in der sie sich der Autorität beugen und einem anderen zu Gefallen sein muß – ob sie will oder nicht.

Wenn eine Frau frei ist und die Möglichkeit hat, sich mit dem WMS auseinanderzusetzen und zu sehen, inwieweit sie es auch für sich selbst übernommen hat, wird sie allmählich erkennen, daß dies System für Männer und Frauen gleichermaßen zerstörerisch ist.

Sie kann sich dann allgemein-menschlichen Problemen zuwenden und sich sowohl für Männer als auch Frauen interessieren.

Sie kann anfangen, ihr eigenes System zu artikulieren. Der Versuch, eine Frau zu einem allumfassenden Humanismus zu zwingen, solange sie noch nicht einmal zu sich selbst finden durfte, ist schlichtweg inhuman.

KAPITEL 5

Das Weibliche System und das System des weißen Mannes (WMS): Unsere Kultur aus einer anderen Sicht

Begriffsbestimmungen: ›Frauengespräche‹ – und was dahintersteckt

Meine Beobachtungen des Weiblichen Systems im Vergleich mit dem WMS basieren auf den Aussagen von Frauen, die begonnen hatten, sich auf ihre eigenen Wahrnehmungen zu verlassen und dafür einzutreten. Ich habe festgestellt, daß trotz unterschiedlichster Herkunft und Erfahrungen eine erstaunlich große Anzahl von Frauen in vielen dieser Fragen die gleiche Meinung haben; dies deutet darauf hin, daß es unter Frauen gemeinsame Sichtweisen und Übereinstimmungen gibt, die selten beobachtet oder gar gewürdigt werden.

Viel zu häufig sagen Frauen nur das, was man von ihnen erwartet oder was in unserer Kultur akzeptiert wird. Ihr Beitrag beschränkt sich im allgemeinen auf eine von zwei Mitteilungsarten: ›Frauengespräche‹ und ›Beschwichtigungen‹. ›Frauengespräche‹ werden kategorisch als nutzlos abgetan: »Mehr kann man von einer Frau ja nicht erwarten.« Da sie keine Gefahr für das WMS darstellen, läßt man sie gelten. Beschwichtigungen bedrohen das WMS ebensowenig. In Wahrheit unterstützen sie sogar seine Normen und Ideen. Die Frau demonstriert auf diese Art und Weise, daß sie das System versteht und seine Mythen nur ungern in Frage stellt.

Frauen, die noch nie außerhalb der vergifteten Atmosphäre des WMS waren, kommunizieren fast ausschließlich in diesen beiden Formen. Selbst Frauen, die ihren eigenen Wahrnehmungen immer mehr zu trauen beginnen, fallen oft auf eine dieser beiden Gesprächsarten zurück, wenn sie sich unsicher fühlen.

Es gibt jedoch noch eine andere Art von ›Frauengesprächen‹. Diese kommt zum Vorschein bei der Einzeltherapie, bei Gruppengesprächen und privaten Unterhaltungen – d. h. in Situationen, in denen sich Frauen sicher genug fühlen, ihr eigenes System zu erforschen. Ich hatte oft das Glück, solchen bedeutsamen und bewegenden ›Frauengesprächen‹ zuzuhören. Die hier vorgetragenen Ideen wurden mit der Hilfe von Frauen entwickelt, die ganz frei ihre Wahrnehmungen formuliert haben. Sie bieten einen guten Einstieg bei dem Versuch, das WMS und unser eigenes WS zu bestimmen und andere Realitäten zu erforschen.

Wie Zeit verstanden wird

Bei jedem Vergleich zwischen dem WMS und dem WS beginne ich mit dem Begriff zu Zeit.

Im WMS wird die Zeit als Ziffer auf der Uhr wahrgenommen. Anders gesagt: Männer glauben, daß die Ziffern einer Uhr eine Realität darstellen und daß der Begriff Zeit selbst nicht mehr ist als das, was diese Zahlen messen. Fünf Minuten sind fünf Minuten, eine Stunde ist eine Stunde, eine Woche ist eine Woche und so weiter. Zeit ist das, was Uhr oder Kalender messen. Wer dies akzeptiert, glaubt auch, daß es möglich ist, zu früh, zu spät oder pünktlich zu sein; er glaubt an die reale Bedeutung dieser Begriffe.

Im WS – wie auch in den eingangs erwähnten Systemen anderer Rassen – bedeutet Zeit ein Prozeß, eine Folge von Abläufen, eine Reihe sich überschneidender Zyklen, die nicht unbedingt etwas mit den Ziffern einer Uhr zu tun haben müssen. Oftmals ist eine Uhr ganz bedeutungslos und kann sogar als störend im Hinblick auf die Zeit erlebt werden. Früh, spät oder pünktlich sind Begriffe, die keine wirkliche Bedeutung haben.

Es gibt da einen interessanten Zusammenhang zwischen dem Zeitbegriff eines Menschen und dem Grad seiner Anpassung an das WMS. Weiße Frauen haben sich dem WMS am stärksten angepaßt und erscheinen denn auch meistens mit weniger als 15 Minuten Verspätung ›pünktlich‹ zu einem Termin. Für die etwas weniger angepaßten Schwarzen bedeutet Pünktlichkeit im allgemeinen etwa eine halbe Stunde Verspätung. Amerikaner lateinamerikanischer oder asiatischer Herkunft kommen meist mit bis zu einer Stunde Verspätung an, und die Indianer, die sich dem System am wenigsten angepaßt haben, können sich um Tage oder sogar Wochen ›verspäten‹.

Das Lernen und Verstehen dieses so ganz anderen Zeitbegriffs gehörte zu den größten Schwierigkeiten, denen sich die US-Behörde für Indianische Angelegenheiten gegenübersah. Meistens ist es so, daß der weiße Leiter der Behörde ein Treffen vereinbart und die Vertreter der Indianer Tage später auftauchen. Die wütenden Beamten halten ihnen vor: »Was ist denn los mit euch? Ihr seid total unpünktlich, ihr kommt viel zu spät!« Worauf die Indianer verständnislos fragen: »Was habt ihr denn? Wir sind doch hier und bleiben, bis wir die Sache beendet haben.« Das bedeutet ›pünktlich sein‹ für sie!

Die Behörde folgert daraus, daß die Indianer krank, schlecht, verrückt oder dumm sein müssen – ganz einfach, weil sie ›zu spät‹ kommen. Sie ordnen sich nicht in das WMS ein, der ›einzig wahren Realität‹. Wenn sie die Zeit nicht so sehen wie das WMS, dann muß irgend etwas mit ihnen nicht stimmen. Übrigens ist keine der beiden Zeitvorstellungen unbedingt richtig. Beide haben ihre Vorteile. Wenn die eine Vorstellung jedoch der Wahrheit entspricht, die andere dagegen krank, schlecht, verrückt bzw. dumm sein soll, dann kann niemand *die* Zeitkonzeption wählen, die für die gegebene Situation am besten ist.

Ich möchte dies nochmals an einigen Beispielen aus meiner eigenen Erfahrung erläutern. Als mein Sohn klein war, versuchte ich, das Abendessen um 6 Uhr auf den Tisch zu bringen. Das bedeutete, daß ich ungefähr um 5 Uhr mit den Vorbereitungen anfing, gleich wenn ich von der Arbeit nach Hause kam. Das war nun unglücklicherweise genau der Zeitpunkt, an dem die innere Uhr meines Sohnes auf ›langsam‹ schaltete. Er fing an herumzunörgeln und an meinem Rockzipfel zu zerren. Wenn ich mich dann weiterhin nach der Uhr richtete und mich auf die Zubereitung des Abendessens konzentrierte, merkte ich bald, daß ich einen ›Klotz‹ am Bein hatte. Mein Sohn klammerte sich daran fest, als ob sein Seelenheil davon abhinge, und ich schleppte ihn mit mir in der Küche herum. Bis ich eines Tages beschloß, die Zeit als Prozeß zu betrachten. Wenn ich die Arbeit beiseite legte und auf ihn einging – eine Sache von ein paar Minuten –, zog er glücklich ab und beschäftigte sich mit sich selbst, bis das Essen fertig war.

Keiner der beiden Zeitansätze war ›richtig‹. Nur war in dieser Situation eben der Prozeßansatz für alle Beteiligten nützlicher.

Vor einigen Jahren arbeitete ich in der Verwaltung einer psychiatrischen Einrichtung, und eine meiner Aufgaben bestand darin, die wöchentliche Mitarbeiterbesprechung zu leiten. Ich stellte sehr schnell fest, daß die Leute, die ›pünktlich‹ zu der Sitzung erschienen waren, eigentlich gar nicht richtig da waren. Körperlich waren sie zwar anwesend, innerlich jedoch abwesend. Die Zuspätgekommenen dagegen waren ›anwesender‹ als die anderen.

Als ich der Sache dann nachging, stellte ich fest, daß die, die ›rechtzeitig‹ da waren, oft ihre Arbeit plötzlich unterbrochen hatten, um ja pünktlich zu erscheinen. Die Zuspätgekommenen waren oft deshalb zu spät, weil sie sich die Zeit genommen hatten, eine Sache zu beenden, oder sie wenigstens so weit zu bringen, daß sie sie gut unterbrechen konnten, bevor sie zur Sitzung kamen. Waren sie einmal da, so waren sie auch fertig und bereit, sich mit der anstehenden Sache zu befassen.

Daraufhin machte ich ein Experiment mit der Gruppe. Zu Beginn jeder Sitzung bat ich die Teilnehmer stillzusitzen und sich auf eventuelle Ängste und Spannungen zu konzentrieren, die sie in sich spürten. Dann bat ich sie, diese Ängste oder Spannungen mit einer unerledigten Aufgabe oder Arbeit in Verbindung zu bringen und aufzuschreiben, was zur Beendigung der Aufgabe noch zu tun wäre. Wenn sich jemand ganz besonders stark unter Druck fühlte oder große Befürchtungen hatte, schlug ich ihm vor, er oder sie solle etwas unternehmen, um die unterbrochene Arbeit zu beenden. Ich entdeckte beispielsweise, daß *meine* Hauptanspannung davon rührte, daß ich vergessen hatte, für das Abendessen etwas aus der Tiefkühltruhe zu nehmen. Ein kurzer Telefonanruf nach Hause erledigte die Sache und ich konnte mich ganz auf die Besprechung konzentrieren.

Nachdem wir diese Übung weiterhin am Beginn jeder Sitzung machten, fingen wir an, unsere Zeit effektiver zu nutzen. Während es früher 20 Minuten gedauert hatte, bis Körper und Geist der Teilnehmer ›anwesend‹ waren, brauchten wir nunmehr nur 7 bis 10 Minuten (eine beachtliche Verkürzung und eine sehr nützliche dazu, weil nämlich für die meisten Sitzungen nur eine Stunde eingeplant war). Wir wählten eine Kombination der beiden Zeitvorstellungen und fuhren gut damit. Hätte ich diese Möglichkeit nicht vorgeschlagen, dann hätte ich weiterhin mühsam versuchen müssen, das Interesse der Teilnehmer auf die Tagesordnung zu lenken – obwohl sie noch gar nicht dazu bereit waren.

Keine der beiden Zeitansätze war unbedingt ›richtig‹, aber die Tatsache, daß wir flexibel genug waren, eine neue Möglichkeit zu erproben, half uns, unsere Zeit besser zu nutzen.

In einem Time-Magazin las ich einmal einen Artikel über die Atomuhr im amerikanischen National Bureau of Standards. (Ich war von dieser Institution lange Zeit fasziniert und halte sie für eine Bastion des WMS. Es gab eine Zeit, da stellte ich mir vor, es würden gar keine richtigen, wirklichen Leute dort arbeiten. Statt dessen stellte ich mir eine ganze Hierarchie von Zentimeterwürmern vor, die absolut alles mit dem Zentimeterstab vermaßen.

Als ich die Behörde schließlich besichtigte, stellte ich zu meinem Erstaunen fest, daß das Gebäude ganz normal aussah und daß tatsächlich wirkliche Leute dort arbeiteten!) Nun ist die Atomuhr anscheinend das präziseste Zeitmeßinstrument der Welt. Sie steht auf einem Berg und teilt die Zeit in gleichmäßige Teile. Trotzdem muß sie leider jedes Jahr neu eingestellt werden. Denn trotz ihrer unwahrscheinlich akkuraten Genauigkeit weiß die Uhr nichts vom Universum. Das Universum läuft nämlich nach Prozeßzeit. (Und das Universum weiß auch nichts von der Atomuhr!) Es wird nämlich langsamer. Aus diesem Grund muß die Atomuhr jedes Jahr um einige Sekunden zurückgestellt werden!

Was ist nun besser, Prozeßzeit oder Uhrzeit? Keine von beiden. Beide sind gültig und nützlich. Es ist nur schade, daß man in unserer Kultur die Prozeßzeit negiert, weil das WMS darauf besteht, daß seine Zeitauffassung die richtige ist.

Frauen befinden sich oft in Situationen, in denen die Prozeßzeit angebrachter ist als die eigentliche Uhrzeit (z. B. in der Kinderstube und in Beziehungen). Wir haben deshalb gelernt, uns relativ leicht zwischen beiden hin und her zu bewegen. Leider erweckt das WMS oft Schuldgefühle in uns, wenn wir ›zu spät‹ sind, und impliziert, wir müßten krank, schlecht, verrückt oder dumm sein, weil wir die Zeit nicht in der richtigen Art und Weise benutzen. Wir tun uns schwer, anderen unseren Zeitbegriff nahezubringen, da man uns und unsere Wahrnehmung ständig in Frage stellt.

Wie Beziehungen verstanden werden

Von gleich zu gleich

Aus der Perspektive des WMS gibt es in Beziehungen nur ein Oben und ein Unten. Mit anderen Worten, wenn zwei Leute sich zusammentun oder sich begegnen, dann ist nach Auffassung des WMS der eine automatisch überlegen, der andere unterlegen. Andere Möglichkeiten der Interaktion gibt es nicht.

Bei meiner Arbeit mit Männern, besonders mit Führungskräften der Wirtschaft, stellte ich fest, daß viele Männer gar nicht unbedingt überlegen sein wollen – sie wollen nur nicht unterlegen sein. Da es in ihren Augen aber nur diese beiden Möglichkeiten gibt, tun sie ihr Möglichstes, selbst nach oben zu kommen und die anderen unten zu halten.

Aus der Sicht des WS werden die Personen einer Beziehung so lange als gleichrangig angesehen, bis sich das Gegenteil herausstellt. (Dies trifft natürlich nur für starke, selbstbewußte Frauen zu, die ihr eigenes System kennen und ihm vertrauen.) Anders gesagt: in jeder neuen Beziehung liegt die Chance einer Begegnung auf gleicher Ebene. Man muß nicht oben oder unten, überlegen oder unterlegen sein; man kann Partner sein.

Ein Hauptunterschied zwischen den beiden Systemen liegt in ihrer grundverschiedenen Vorstellung von Beziehungen. Wer sich in einer Beziehung nur ein Oben und ein Unten vorstellen kann, der wird sich auch dementsprechend verhalten. Wer sich jedoch eine Beziehung zwischen Partnern ebenso vorstellen kann wie eine Beziehung zwischen einem unterlegenen und einem überlegenen Teil, wird die Sache ganz anders angehen.

Vor einigen Jahren lebte ich in St. Louis in der Nähe der Washington Universität und hatte eine Studentin in Therapie. Sie kam aus einer anderen Stadt im Mittelwesten der USA, wo ihr Vater ein Geschäft hatte. Als sie ihm sagte, daß sie zu mir ging, entschloß er sich, mich anzurufen und mir ›auf den Zahn zu fühlen‹. Er wollte sich über meine Vorgeschichte, meinen beruflichen Werdegang, meine Einstellung, meine Honorare usw. informieren. Ich hielt diesen Wunsch für verständlich und auch berechtigt. Ich war ja eine Fremde für ihn, lebte in einer fernen Stadt, beriet seine Tochter und er zahlte die Rechnung. Ich an seiner Stelle hätte das gleiche getan.

Als er anrief, nahm ich an, daß wir miteinander von gleich zu gleich sprechen würden. Er nahm mir gegenüber jedoch sofort eine überhebliche Haltung ein. Sein Ton und sein Verhalten waren die eines Vorgesetzten, der sich an einen Untergebenen wendet. Da ich ihm auf gleicher Ebene begegnen wollte, ließ ich mich nicht kleinmachen, sondern offerierte ihm die Möglichkeit, mit mir auf der Grundlage der Gleichheit zu sprechen. Es trat eine kleine Pause ein, worauf das von mir als ›Beziehungstanz‹ betitelte Spielchen folgte.

Befinden sich zwei Personen am gleichen Ort, kann man diesen Tanz sehr genau beobachten. Nehmen wir z. B. an, ein Mann und eine Frau begegnen sich und beginnen eine Unterhaltung. Der Mann geht davon aus, daß die Frau sich unterordnen wird – tut sie das aber nicht, dann weiß er nicht so genau, was er als nächstes tun soll. Voll Verwirrung tritt er von einem Fuß auf den anderen und bewegt sogar seinen Körper hin und her (etwa wie ein Kampfhahn). Fast könnte man seine Gedanken in seinem Gesicht ablesen: »Oh du liebe Zeit, sie geht nicht runter! Dabei weiß sie doch genau, daß sie es sollte. Was mach' ich bloß? Einer muß sich doch unterordnen!« (Pause. Schlukken.) »Dann muß ich es wohl sein.« An diesem Punkt ändert sich seine Haltung ganz deutlich. Er scheint in sich zusammenzusinken, kleiner zu werden – und er haßt das Ganze wie die Pest. Er haßt auch sein Gegenüber, das ihn zu dieser unterwürfigen Haltung ›gezwungen‹ hat, und das färbt auf die weitere Unterhaltung ab.

Natürlich hat ihn niemand ›gezwungen‹, diese unterwürfige Haltung einzunehmen. Er ist von sich aus nach unten gegangen, weil er glaubte, Begegnungen und Beziehungen müßten so sein. Wenn nun die Frau nicht nach unten geht, muß er es eben tun – aber er haßt es zutiefst!

Genau das lief mehr oder weniger während der Unterhaltung mit dem Vater meiner Klientin ab. Als ich ihm auf gleicher Ebene begegnen wollte und nicht auf die unterlegene Position einging, ging er eben ›nach unten‹.

Die Unterredung mit ihm fand über ein Wandtelefon statt. Mein Mann kam ins Zimmer und begann zu lachen. »Wie in aller Welt stehst du denn da?« fragte er. Ich hatte mich tief heruntergebeugt und das muß schrecklich verkrampft ausgesehen habe. Ich flüsterte ihm todernst zu: »Ich versuche, mit diesem Kerl auf gleicher Höhe zu bleiben.«

Da ich es abgelehnt hatte, mich unterzuordnen, hatte der Vater wohl oder übel darauf reagiert und hatte sich selbst untergeordnet. Ich wiederum hatte mich kleiner gemacht, um mit ihm auf gleicher Ebene zu bleiben, und daraufhin war er noch weiter ›runter‹ gegangen. Sein unerschütterlicher Glaube an sein System erlaubte es ihm nicht, mit mir gleichzuziehen. Er kannte eben nur Beziehungen mit einem Oben und einem Unten. Das war seine Realität, das war seine Sicht der Welt. Auf eine Kommunikation auf gleicher Ebene konnte er sich nicht einlassen. Mein Versuch, mit ihm von gleich zu gleich zu kommunizieren, bescherte mir ganz verflixte Rückenschmerzen.

Für WMS-Leute ist dieser ›Beziehungstanz‹ eine ganz alltägliche Erfahrung. Begegnen sie nämlich einem Schwarzen oder einer Frau, d. h. einer Person, die sich unterzuordnen hat, und diese Person tut das nicht, so gibt es für sie nur einen – zutiefst verabscheuten – Ausweg: selbst in die unterlegene Position zu gehen. Frauen in führender Stellung können ein Lied davon singen. Wenn sie im Umgang mit Männern nicht – wie erwartet – in die untere Position gehen, dann geben die Männer nach, empfinden aber einen tiefen Haß und stempeln die betreffende Frau als ›überheblich ab. Dieser ganze Vorgang kann innerhalb von Sekunden ablaufen – währenddessen die Frau etwa einfach dasteht und ihm eine Beziehung von gleich zu gleich anbietet. Der Glaube des Mannes an das WMS ist jedoch so unerschütterlich, daß er ihr Angebot nicht annehmen kann.

In diesem Zusammenhang ist es, glaube ich, sehr wichtig, daß man sich immer wieder vor Augen hält, wie stark der weiße Mann an sein System und dessen Mythen glaubt. Er ist völlig davon überzeugt, daß sein System die einzige Realität ist, daß es von vornherein überlegen ist, daß es alles weiß und versteht. Er ist sich außerdem ganz sicher, daß es durch und durch logisch, rational und objektiv ist. Die Folge davon ist, daß er in seiner Fähigkeit, neue Informationen aufzunehmen und neue Erfahrungen zu machen, erheblich eingeschränkt ist.

Ich habe eine Freundin, eine bekannte Schriftstellerin und Psychologin. Sie beklagte sich einmal bitter bei mir, daß sie so viel Zeit und Energie aufbringen muß, um auf gleicher Ebene mit solchen Männern zu bleiben, die im Umgang mit ihr immer den Part des Unterlegenen einnehmen. Sie stellt fest, daß sie sich buchstäblich entweder ständig hinunterbeugt oder versucht, diese Männer zu sich ›heraufzuziehen‹. Sie ist jetzt in den Siebzigern und es fällt ihr immer schwerer, ihre Körperhaltung dauernd zu verändern, um sich mit dem jeweiligen männlichen Gegenüber auf gleicher Ebene zu treffen. Neulich meinte sie: »Die müssen sich so langsam etwas anderes einfallen lassen. Ich bin für solche Verrenkungen einfach zu alt!«

Der Mittelpunkt des Lebens

Ein weiterer Hauptunterschied zwischen dem WMS und WS liegt in der Art und Weise, wie Beziehungen verstanden werden. Im WMS stehen das Selbst und die Arbeit im Zentrum der Aufmerksamkeit. Alles andere wird daran gemessen, darauf bezogen und dadurch definiert. Andere Dinge im Leben mögen zwar durchaus wichtig sein (Beziehungen, Spiritualität, Hobbies), aber sie erreichen nie einen derart hohen Stellenwert und bleiben an der Peripherie des männlichen Lebens, sozusagen an der Randzone.

Frauen in meinen Seminaren äußern sich hierzu etwa folgendermaßen: »Zwischen meinem Mann und mir gibt es nur eine Gemeinsamkeit – wir lieben ihn beide.«

Im WS dagegen stehen Beziehungen an erster Stelle. Alles andere wird daran gemessen, darauf bezogen und dadurch definiert. Das ist vielleicht der Grund dafür, warum Frauen – historisch gesehen – nicht so viel erreicht haben wie Männer. Wir neigen dazu, unser Selbst und unsere Arbeit den Beziehungen unterzuordnen.

Früher dachte ich, Männer würden, wenn sie einer Frau den Hof machen, in das WS überwechseln. Während dieser Phase scheint der Mann sein Selbst und seine Arbeit beiseite zu schieben und statt dessen die Beziehung in den Brennpunkt seines Interesses zu stellen. Er ist unfähig, an etwas anderes zu denken als an die Frau, die er umwirbt. Er erzählt seinen Arbeitskollegen von ihr, und es kommt sogar vor, daß er die Arbeit im Stich läßt, um bei ihr zu sein. Diese Beziehung scheint ihn vollkommen auszufüllen.

Die Frau ist ganz begeistert und glaubt, endlich ›den Einen‹ gefunden zu haben – einen Mann nämlich, der das WS versteht. Glücklich erzählt sie all ihren Freundinnen: »Dieser Mann ist *die* Ausnahme – er ist ganz anders als die anderen Männer!« Sie ist sicher, endlich einen Mann gefunden zu haben, der die Beziehung zu ihr in den Mittelpunkt seines Lebens stellt – und sie ist im 7. Himmel.

Sobald jedoch die Beziehung abgesichert, zementiert ist – d. h. sobald er ihrer Liebe sicher ist und sie entweder verheiratet sind oder ein anderes verbindliches Arrangement getroffen haben –, kehrt er zurück zu seinem Selbst, zu seiner Arbeit. Sie bemerkt seine plötzlich so veränderte Einstellung zu ihr und klagt: »Du hast mich zum Narren gehalten.« Auch er merkt schließlich, daß etwas schiefgelaufen ist und fragt, was denn los sei. Worauf sie antwortet: »Du liebst mich nicht mehr.« Er ist schockiert: »Was willst du damit sagen? Natürlich liebe ich dich!« (Die Hälfte meiner Aufmerksamkeit gilt dir! Was willst du mehr?) Und sie gibt zur Antwort: »Unsere Liebe steht für dich nicht mehr im Mittelpunkt deines Lebens, und dann ist es keine Liebe mehr.« Worauf er verständnislos mit einem »Ich weiß nicht, was du meinst« reagiert.

Er weiß wirklich nicht, was sie meint. Sie kennt sein System und ihr eigenes System, aber er hat noch nicht einmal eine Ahnung davon, daß sie ein eigenes – anderes! – System hat.

Ich habe dieses Problem mit einigen Männern, mit denen ich gearbeitet habe, des langen und breiten diskutiert. Sie verstehen es wirklich nicht. Ihr Kommentar ist in etwa: »Die Behauptung, wir würden als Freier in das WS überwechseln, stimmt nicht. Wir wissen noch nicht einmal, was das WS ist. Die Beziehung ist eine Aufgabe (Arbeit), die man angehen muß, und wenn diese Arbeit erfolgreich beendet ist, wenden wir uns wieder unserem Selbst, unserer Arbeit zu.« Kein Wunder, daß sich die Frauen geprellt fühlen!

Ich arbeitete einmal mit einem Paar, das zu mir in Therapie kam, weil beide (hauptsächlich aber die Frau) sich Sorgen darüber machten, daß es in ihrer Beziehung keine Liebe gab. Beide waren überzeugt, daß da einmal Liebe gewesen war. Als wir ihre Beziehung näher unter die Lupe nahmen, wurde deutlich, daß der Mann sich nach der Brautwerbung wieder seinem Selbst und seiner Arbeit zugewendet hatte. Er hatte die Beziehung seinen peripheren Interessen zugeordnet, und dort beanspruchte sie in der Tat ein Großteil jener Energie, die sein Selbst und seine Arbeit noch übrig ließen. Die Beziehung war durchaus wichtig für ihn, aber nur insoweit wie sie sich auf sein Selbst und seine Arbeit bezog, dadurch definiert wurde und dazu paßte. Für sich genommen war sie nicht wichtig.

Die Frau fühlte sich ungeliebt, weil ihre Beziehung für ihn nicht so zentral zu sein schien wie für sie. Er ging davon aus, daß die Beziehung wieder ›heilen‹ würde, wenn sie nur sein System und dessen Realität (*die* Realität schlechthin) akzeptierte. Eine ›Heilung‹ dieser Beziehung war jedoch nur dann möglich, wenn beide bereit waren, das System des anderen zu kennen und zu schätzen, so daß sie entscheiden konnten, welches System jeweils angemessen war.

Als ich daran ging, diese Ideen zu entwickeln, stellte ich einige meiner Überlegungen einer Gruppe von Akademikerinnen zur Diskussion. Sie wurden schrecklich wütend auf mich und wollten so etwas nicht hören. »Jahrhundertelang«, so argumentierten sie, »haben sich die Frauen darauf konzentriert, primäre Beziehungen zu Männern aufzubauen, um dadurch eine eigene Identität und Anerkennung zu gewinnen. Unsere gesamte Energie haben wir für die Erhaltung dieser Beziehungen eingesetzt, so daß nichts mehr übrig blieb für unsere eigenen intellektuellen und kreativen Bedürfnisse. Damit wollen wir nun endlich Schluß machen! Wir wollen uns endlich einmal auf unser Selbst und unsere Arbeit konzentrieren – und wir wollen jetzt nicht hören, wir würden uns nur an das WMS ›verkaufen‹.«

Ich habe mir diese Kritik zu Herzen genommen und genau untersucht. Es stimmt – Frauen haben häufig ihre Kreativität und ihren Ehrgeiz unterdrückt zugunsten der Beziehungen zu Männern. Es stimmt – diese Beziehungen hatten einen überaus hohen Stellenwert, da sie die Frau von ihrer Erbsünde des Frauseins erlösen sollten. Und es stimmt ebenfalls, daß sich da etwas ändert.

Inzwischen habe ich erkannt, daß Frauen mehrere Entwicklungsphasen durchlaufen. Zuerst entwickeln wir Primärbeziehungen zu Männern (bzw. suchen sie ganz bewußt), um dadurch unsere Identität zu finden und von der Erbsünde des Frauseins erlöst zu werden. Diese Beziehungen werden zum Drehpunkt unseres Lebens. Alles andere wird an den Rand gedrängt. Wir stellen unser Leben ganz in den Dienst dieser Beziehungen zu Männern. Unsere Arbeit, unser Selbst, unsere Kreativität und intellektuellen Ziele dagegen spielen nur eine zweitrangige Rolle. Sie werden nur in ihrer Bedeutung für diese Beziehungen gesehen.

Wenn wir uns dann unseres Wertes bewußter werden und zu wachsen beginnen, wechseln wir in das WMS über. Wir stellen uns selbst und unsere Arbeit ins Zentrum unseres Interesses. Wir werden ›egoistisch‹ – was sich Frauen nur sehr ungern sagen lassen – und wir beginnen, unsere eigenen Bedürfnisse in den Vordergrund zu stellen. Wir widmen dem Prozeß der Selbstfindung und der Verwirklichung unserer Kreativität eine

Menge Zeit, Energie und Geld. Wir werden ›arbeitssüchtig‹. Die Arbeit nimmt immer mehr Stunden unseres Tages in Anspruch. Geld, Macht und Einfluß werden uns sehr wichtig. Wir wollen ›es schaffen‹, und dabei legen wir den Maßstab des WMS an. In dieser Phase verlieren Beziehungen für uns an Bedeutung. Einige unserer Beziehungen können das verkraften, obwohl wir so wenig Zeit in sie investieren, andere brechen auseinander. Wir beginnen, unsere eigenen Fähigkeiten zu entdekken und sagen z. B.: »Ich werde der Welt meinen Stempel aufdrücken«, »Ich möchte etwas Bleibendes hinterlassen, so daß man sich an mich erinnert«, »Ich habe keine Zeit für Beziehungen. Ich muß mich auf mich selbst und auf meine Arbeit konzentrieren.« Manche Frauen knien sich noch stärker in ihre Arbeit hinein als Männer!

Wenn wir es dann geschafft haben und das Ergebnis betrachten, dann sagen wir vielleicht: »Was soll das Ganze?«, wir fragen uns verwundert: »Soll das alles gewesen sein? Anfangs sah die Sache so faszinierend aus, aber jetzt, wo ich es geschafft habe, ödet es mich an.« Hierauf kehren wir ernüchtert zum WS zurück – doch da wir uns geändert haben, hat sich unser Konzept des WS ebenfalls geändert. Wir definieren uns und unser System nicht mehr über unsere Beziehungen zu Männern. Unser WS ist nicht mehr eine *bloße Reaktion* auf das WMS. Es hat eine eigene Identität gewonnen.

Bevor wir uns voll und ganz für das WS entscheiden können, müssen wir uns offensichtlich zuerst im WMS bewährt haben. In den Anfangsstadien unserer Entwicklung verkörpern wir ein reaktives WS, in dem wir uns nicht über uns selbst und unsere Welt im klaren sind. Dabei sind wir abhängig von den Männern, die uns unsere Identität geben und uns von der Erbsünde des Frauseins erlösen. Erst nachdem wir in das WMS übergewechselt und uns dort bewährt haben, können wir mit einem neuen Bewußtsein ins WS zurückkehren.

In dem WS, zu dem wir zurückfinden, stehen Beziehungen immer noch an erster Stelle. Zu diesen Beziehungen können, aber müssen nicht unbedingt Primärbeziehungen zu Männern gehören. Aber niemals wird es zu Primärbeziehungen zu solchen Männern kommen, von denen unsere Identität abhängt und die uns von unserer ›Erbsünde‹ erlösen sollen. Sie beinhalten möglicherweise gleichwertige Beziehungen zu Männern und schließen auch innige Freundschaften zu Frauen und echte Freundschaften mit Männern ein.

Dieses – neue – WS hat eine Komponente, die es in unserer früheren Konzeption des WS nicht gab: die Beziehung zu dem eigenen Ich. Selbstbewußtheit und die Beachtung der eigenen Bedürfnisse sind nicht das gleiche wie Selbstsucht. Wir richten unsere Aufmerksamkeit auch weiterhin auf unsere Mitmenschen und beziehen sie voll in unser Leben ein. Diese Selbstbewußtheit ist im wesentlichen ein Gefühl der Hinwendung und Achtung für das eigene Selbst, was wiederum eine größere Hinwendung zum Mitmenschen und eine größere Achtung vor ihm ermöglicht.

Viele Frauen bekommen nie eine Beziehung zu ihrem Selbst, da ihnen beigebracht wurde, das sei selbstsüchtig. Oder es wird ihnen ihr Ich nur insoweit bewußt, als es von außen bestimmt wird. Andere Frauen wiederum wissen sehr wohl, daß es da ein noch ganz unentwickeltes Ich gibt, halten es jedoch nicht für nötig, eine Beziehung dazu aufzubauen.

Sobald sich aber eine Frau besser kennenlernt und ein Gespür für ihr Selbst entwickelt, findet sie zunehmend Gefallen daran und möchte es weiter entdecken. Da wir nicht viel Erfahrung damit haben, uns durch uns selbst zu definieren, sehen manche in diesem Prozeß eine Bedrohung und meinen, sie kämen zu kurz. Das ist aber ganz und gar nicht der Fall. Wir nehmen unserer Umwelt nichts weg, sondern konzentrieren uns lediglich auf uns selbst. Indem wir eine Beziehung zu unserem Selbst entwickeln, wächst auch unsere Fähigkeit, mit anderen wesentliche Beziehungen einzugehen. Diese Art von ›Selbstzentriertheit‹ unterscheidet sich grundlegend von der des WMS. Wenn wir uns mehr Raum schaffen, können wir den anderen auch mehr Raum geben.

Diese neue Phase des WS hat auch eine neue Einstellung zu unserer Arbeit zur Folge. Arbeit bedeutet dann viel mehr als Geldverdienen. Sie wird eine ›Lebensaufgabe‹, d. h. das, wozu wir auf der Welt sind. Diese Arbeit ist unser Beitrag zum Leben, der gleichzeitig alle anderen Aspekte des Lebens ergänzt und vervollständigt. Sie ist dann nicht auf Profit oder Macht aus, sie erhält ihre Bedeutung dann dadurch, daß sie schöpferisch und human im Dienst des Mitmenschen steht.

Eine Frau, die dieses Entwicklungsstadium erreicht hat – die sich erst aus dem reaktiven WS löste, um in das WMS überzuwechseln, und die dann wieder zurück zum WS fand –, entwickelt auch eine *Beziehung zum Universum.* Sie beginnt zu erkennen, wie alle Dinge ineinander greifen und entwickelt ein Gespür dafür, daß das Leben eine ernste Bedeutung hat. Sie sieht sich und die anderen in Beziehung zum Ganzen. Sie sagt über sich z. B.: »Wenn ich einmal auf dem Sterbebett liege, werde ich mich an all die Beziehungen erinnern, die ich hatte, und an all die Verbindungen, die ich im Laufe meines Lebens knüpfen durfte. Diese Dinge werden für mich die größte Bedeutung haben. Ob ich eine Brücke gebaut oder ein Buch geschrieben habe, ob eine Universität nach mir benannt wurde, wird Nebensache sein, nicht aber, was ich im Laufe meines Lebens gegeben und empfangen habe.«

Eine Frau, die zum WS zurückgefunden hat, sieht das Wesentliche des Lebens in ihren Beziehungen – allerdings nicht in Beziehungen, die nur definieren und bewerten, sondern in wachsenden ›nährenden‹ Beziehungen: mit dem Ich, mit der Arbeit, mit den anderen und dem Universum. Das sind keine Beziehungen, die fein säuberlich kategorisiert und fix und fertig abgepackt sind, sondern Beziehungen, die sich ständig entwickeln und verändern. Kurzum: Beziehungen im Wandel.

Um dieses Stadium zu erreichen, scheinen Frauen zwei Wachstumsschritte durchmachen zu müssen: sie wechseln zunächst über ins WMS und kehren dann zum WS zurück. Männer andererseits brauchen nur einen Schritt zu tun, um diesen Grad der Bewußtheit zu erreichen. Da sie das Geburtsrecht der Überlegenheit haben, brauchen sie sich nicht von irgendeiner Erbsünde zu befreien und müssen sich ihre Identität nicht von außen bestätigen lassen. Aber sie haben unheimliche Schwierigkeiten, diesen einen Schritt zu tun.

Ich führe das auf die Tatsache zurück, daß es außerordentlich verlockend ist, der Überlegene zu sein und das Selbst und die Arbeit im Zentrum des Lebens zu haben. Wenn man alles durch das eigene Selbst definiert und daraus folgert, daß die Welt so und nicht anders ist, dann kann man sich nur sehr schwer eine Welt vorstellen, die nicht vom eigenen Selbst definiert ist. Einen anderen Lebensentwurf können sich Männer einfach nicht vorstellen. Frauen dagegen scheinen sich mit der Zeit in der Position des Überlegenen zu langweilen. Wenn sie einmal den Erfolg ausgekostet haben, suchen sie nach etwas anderem. Es gibt allerdings auch Männer, die die Mythen des WMS hinter sich lassen wollen und auch tatsächlich darüber hinauswachsen.

Ich sage nicht, das eine oder andere System sei ›richtig‹. Ich beschreibe nur eine Entwicklung, die viele Frauen durchzumachen scheinen. Es fällt Männern sehr schwer, diesen Prozeß zu erkennen und zu würdigen, da er als krank, schlecht, verrückt oder dumm abgetan wird.

Sexualität

Was das Thema Beziehungen anbetrifft, so gibt es einen weiteren Hauptunterschied zwischen WS- und WMS-Personen: die Einstellung zur Sexualität. Das WMS sexualisiert die Welt. Menschen, Gebäude, Werkzeuge – alles wird über die Sexualität definiert und identifiziert. Der wichtigste Aspekt eines Menschen, sei er nun weiblich oder männlich, ist seine sexuelle Prägung. Ein Mensch wird *definiert* als heterosexuell, homosexuell, asexuell, bisexuell, zölibatär etc. Beziehungen werden definiert als heterosexuell, homosexuell, bisexuell, zölibatär, platonisch etc. Man geht davon aus, daß in jeder Beziehung Sexualität vorhanden ist.

Im WS ist die Sexualität kein Hauptkriterium. Zwar kann es in einer Beziehung oder Situation durchaus eine sexuelle Komponente geben, aber es *muß* sie nicht geben. Wenn es sie gibt, tritt sie meist erst in einem späteren Stadium in Erscheinung und ist auch dann niemals das Wichtigste.

Nicht nur Menschen und Beziehungen werden vom WMS in sexuellen Begriffen definiert, sogar Gebäude werden als entweder phallisch oder weiblich gesehen. Ich fuhr einmal mit einem Freund in der Nähe der Stadt Boulder im US-Staat Colorado an einer Kirche vorbei, in der ein anderer Freund von mir Pfarrer ist. Der Mann, mit dem ich im Auto fuhr, rief spontan aus: »Schau, da ist die Kirche mit den drei Titten.« Für mich war das immer die Kirche mit dem chinesischen Hut! Keine der Wahrnehmungen war ›richtig‹, sie waren nur total verschieden.

Auch Werkzeuge bekommen im WMS ein sexuelles Etikett. Je nachdem, ob sie bei ihrer Funktion eindringen oder rezeptiv sind, werden sie als ›männlich‹ oder ›weiblich‹ bezeichnet. Tatsächlich sexualisiert man das ganze Universum. So spazierte ich einmal mit einem Freund an einem schönen Frühlingstag durch den Wald, als er plötzlich begeistert die Arme in die Höhe warf und ausrief: »Oh Sex!« Ich fragte verdutzt: »Wo denn um Himmels willen?« Worauf er antwortete: »Ja, überall um uns herum. Die Blumen, die Schmetterlinge, das Gras. Überall Sex.« Für mich sah die Landschaft entschieden anders aus!

Das WS sieht Sex als wichtig, beglückend und heilig an, aber zur *Definition* der Welt, der Menschen, der Beziehungen wird Sex nicht benutzt. Wenn Sex – wie im WMS – dazu dient, die Welt, die Menschen und Beziehungen zu definieren, ist das Ergebnis sexuelle Besessenheit und phobische Überbetonung des Sex um seiner selbst willen. Für die meisten Frauen ist Sex nur *ein* Aspekt der Liebe. Für viele Männer ist Sex gleichbedeutend mit Liebe – und Liebe gleichbedeutend mit Sex.

Die kirchlichen Verbote von Sex und vorehelichem Geschlechtsverkehr sind gute Beispiele dieser phobischen Überbewertung. Sex wird zum wichtigsten, alles überragenden Aspekt einer Beziehung hochstilisiert – jenes Eine, das bis nach der Hochzeitszeremonie ›warten‹ muß. All die anderen Aspekte einer Beziehung – unter denen weit wichtigere sein mögen – geraten aus dem Blickfeld. Viele Leute heiraten schließlich aus dem einen Grund, weil sie damit eine Garantie für regelmäßigen und legitimierten Sex bekommen. Aber bald merken sie, daß zu einer Ehe viel mehr gehört!

Ich habe mich lange gefragt, warum das WMS so fixiert ist auf Sex und Sexualität. Häufig mache ich irgendeine Beobachtung und versuche hinterher, das ›Warum‹ herauszufinden. Die Antworten kommen dann meistens von einer ganz unerwarteten Quelle, und so war es auch in diesem Fall.

Ich war zusammen mit einem Priester zu einer Podikumsdiskussion eingeladen. Das Thema der Diskussion war Sexualität bzw. sexuelle Freiheit in unserer Kultur. Der Priester hatte ein langes ›Pro-Sex‹-Referat vorbereitet. Seine Hauptthese war, daß Transzendenz ein wichtiger Zustand des menschlichen Organismus sei und daß der Mensch nur im Orgasmus zur Transzendenz fähig sei. Woraus er folgerte, Sex sei nicht nur wichtig, sondern sogar notwendig.

Plötzlich verstand ich manche meiner Beobachtungen, d. h. ich erhielt die Antwort auf einige meiner ›Warums‹. Wer sein Selbst und seine Arbeit in den Mittelpunkt seines Lebens stellt, ist in einem Zustand ständiger Ichbezogenheit. Wer dagegen Beziehungen zum Mittelpunkt seines Lebens macht, ist auf andere bezogen und lebt deshalb in einer ständigen Transzendierung seiner selbst. Sex *kann* zwar ein Mittel zur Transzendenz sein, ist jedoch nicht das einzige Mittel. Eine ständige Hinwendung zum anderen ist z. B. eine weitere Möglichkeit der Transzendenz. WS-Personen haben es daher nicht nötig, die ganze Welt zu sexualisieren, um Transzendenz zu erfahren.

Dabei muß man sich immer wieder vor Augen halten, daß beide Systeme das Recht auf ihre Sicht von Sex und Sexualität haben. Keine der beiden Sichtweisen ist ›richtig‹. Leider erleiden Frauen in dem Bereich der Sexualität viel häufiger Schaden als in jedem anderen Gebiet. Da Männer der Sexualität eine so hohe Bedeutung beimessen, ist die Kommunikation zwischen den Geschlechtern auf diesem Gebiet gestört und angstbesetzt. Nur wenige Frauen haben ein klares Verhältnis zu ihrer eigenen Sexualität. Wir haben selten die Möglichkeit, viel darüber zu erfahren. Statt dessen werden wir angehalten, die Mythen des WMS zu unterstützen und seinen Anforderungen zu genügen. Man bringt uns bei, unseren eigenen Überzeugungen und Wahrnehmungen zu mißtrauen. Wir lassen uns ausbeuten und beherrschen. Wenn Sex und Transzendenz nur zur Selbstbestätigung dienen, verkümmert das Bedürfnis nach Liebe und menschlicher Bindung.

Intimität

Jede Diskussion über Sex und Sexualität führt zwangsläufig zu einer Diskussion der Intimität. Im WMS wird versucht, Intimität über körperliche Nähe zu erreichen. Männer meinen, zu wirklicher Intimität gehöre unabdingbar die körperliche Nähe. Frauen möchten Intimität über das Gespräch herstellen. Sie glauben, daß zu wirklicher Nähe Anteilnahme an dem Leben des anderen gehört.

Ich hatte einmal ein Ehepaar in Therapie, das diese beiden unterschiedlichen Auffassungen verkörperte. Jeder der beiden hatte eine andere Vorstellung davon, wie sie sich nach einer vorübergehenden Trennung begegnen könnten. Der Mann war beruflich viel unterwegs. Auf dem Heimweg malte er sich folgendes aus: Er würde vom Flughafen kommen, die Haustür öffnen, seine Frau umarmen, sie sofort ins Schlafzimmer führen und mit ihr ins Bett gehen. Dann wären sie einander wieder nahe. Die Frau malte sich ihre Begegnung folgendermaßen aus: Er käme von der Geschäftsreise nach Hause, sie würde ihm alles erzählen, was sie in seiner Abwesenheit getan und gedacht hatte, und er wiederum würde ihr erzählen, wie es ihm während dieser Zeit ergangen war. Sie würden neue Einsichten und Erkenntnisse austauschen. Dann würde sie auch gerne mit ihm schlafen. Die Entscheidung darüber, ob es überhaupt dazu käme, würden sie gemeinsam treffen. Für sie war wichtig, daß ihre enge Verbundenheit durch einen gegenseitigen Austausch zustande gekommen war.

Er empfand ihr Reden als Hindernis für Intimität. Sie empfand seine physischen Annäherungsversuche als Hindernis. Als sie zur Therapie kamen, gaben sie als Grund dafür *ihr* sexuelles Problem an (das der Frau!). Der Ehemann hatte ihr Frigidität vorgeworfen – und sie fing an, das selber zu glauben!

Keine der beiden Vorstellungen von Intimität ist ›richtig‹. Doch wenn behauptet wird, die eine entspreche der Wirklichkeit und die andere sei krank, schlecht, verrückt oder dumm, dann besteht nur wenig Aussicht darauf, daß zwei Partner zusammenfinden und all den Reichtum und die Vielfalt menschlicher Nähe erleben. Nur wenn beide Beteiligten bereit sind, das

›System‹ des anderen anzuerkennen und zu verstehen, können sie anfangen, eine echte Beziehung und Verbindung aufzubauen. Wenn sie das nicht wollen – oder nicht können –, haben beide darunter zu leiden.

Liebe

Auch Liebe wird von beiden Systemen unterschiedlich wahrgenommen. Im WMS wird Liebe als eine Folge von Ritualen verstanden und ausgeübt. Im WS wird Liebe als Energiefluß zwischen dem Solarplexus des einen und des anderen erlebt.

Ich arbeite häufig mit Ehepaaren zusammen, die in bezug auf ihre Vorstellung von Liebe verkrampft und verwirrt sind. Die Frau behauptet oft, sie fühle sich ungeliebt. Der Mann kontert dann mit einer Aufzählung all dessen, was er für sie tut: Er bringt das Geld heim und unterhält so sie und die Familie. Er kauft Geschenke für sie. Er paßt abends auf die Kinder auf, so daß sie Abendkurse besuchen kann. Sie muß doch zugeben, daß das Liebe ist!

Worauf die Frau eingeschüchtert erwidert, daß sie trotzdem keine Liebe von ihm ›fühlt‹. An diesem Punkt wirft er ihr vor, unrealistisch und hoffnungslos romantisch zu sein, und damit ist das Thema beendet. Was könnte er denn sonst noch für sie tun? Tut er nicht alles, um ihr seine Liebe zu beweisen? Natürlich! Er ist der perfekte WMS-Liebhaber.

Als ich dieses Thema mit Frauen diskutierte, fand ich heraus, daß ihre Vorstellungen von Liebe eher vage und vorläufig sind. Am Anfang einer Beziehung beklagen sich Frauen oft darüber, daß sie keine Blumen und Geschenke bekommen oder nicht ausgeführt werden. Sie schließen von diesem Mangel an Aufmerksamkeit auf einen Mangel an Liebe. Diese Klagen sind jedoch nicht ganz zutreffend. Sie gehen nicht bis an die Wurzel dessen, was Frauen da erleben.

Man hat den Frauen eingeredet, derartige Rituale seien der wahre Ausdruck von Liebe. Rituale bleiben jedoch bedeutungslos, wenn in ihnen nicht ein anderes Element mitschwingt. Dieses Element hat etwas mit dem Energiefluß zu tun.

Wenn ich Frauen bitte, ein Symbol für Liebe zu finden, zeichnen viele das Zeichen für unendlich (∞), da für sie Liebe ein fortwährendes Hin- und Herströmen von Solarplexus zu Solarplexus ist. Während dieses Prozesses bleibt etwas von der ›Liebes-Energie‹ des einen im anderen zurück, und ein Teil der ›Liebes-Energie‹ des zweiten fließt hinüber zum ersten.

Zudem – und dies ist sehr wichtig – ist diese ›Liebes-Energie‹ niemals nur eine endliche, begrenzte Quantität. Wenn sich zwei Menschen aufrichtig lieben, kommt ständig neue ›Liebes-Energie‹ zu diesem Strom hinzu. Man gibt immer mehr als man nimmt. Die ›alte‹ Energie ist noch vorhanden, wird aber durch ›neue‹ Energie ständig vermehrt. Auch Rituale könne aus diesem Energieaustausch entstehen und ihn ergänzen, aber sie können ihn niemals ersetzen.

Dieser Prozeß kann auf verschiedene Art und Weise verhindert oder abgeblockt werden. Jemand kann z. B. Liebesenergie aussenden und feststellen, daß der andere sie nicht annehmen will. Oder der andere kann diese Energie zwar in sich hineinfließen lassen, aber Gefühle der Wertlosigkeit oder Wut verhindern, daß er sie für sich nutzen kann. Oder er nimmt die Energie zwar an, gibt aber seinerseits nichts dazu. Oder er gibt zwar etwas hinzu, läßt aber die Energie nicht wieder zurückfließen. Ebenso kann der ursprüngliche Sender an jeder dieser Stellen abblocken, wenn der Strom zu ihm zurückkommt. Wird dieser Kreislauf irgendwo unterbrochen, kann Liebe nicht erlebt werden.

Wohl können Teile dieses Prozesses unabhängig voneinander stattfinden, aber Frauen werden nur dann vollständige Liebe erleben können, wenn jener ständige Energieaustausch, jenes Geben und Nehmen, stattfindet. Da sind natürlich Rituale viel praktischer und weit weniger zeitraubend!

Außerdem kann dieses Fließen nur zustande kommen, wenn beide Beteiligten mit sich selbst im reinen sind. Beide müssen ihre Liebe so ausdrücken dürfen, wie es ihrem System entspricht. Wenn beispielsweise der Mann nur Rituale für seine Frau ausführen kann und keine Zeit für den Energieaustausch zuläßt, wird keiner der beiden Liebe spüren. Wenn die Frau auf dem Energieaustausch beharrt und sich weigert, auch Rituale anzuerkennen und an ihnen teilzunehmen, wird keiner von beiden Liebe erleben. Die Beziehung erreicht dann niemals ihre volle Erfüllung und beide werden nie das ganze Glück kennenlernen. Beide fühlen sich mißverstanden und ungeliebt.

Auch der Mann kann einen Energiefluß fühlen – aber in sich selbst und innerhalb der Grenzen seines eigenen Systems. Seine Liebes-Energie dient in diesem Falle nur dem Selbst im Zentrum seines Lebens. Er kann sich selbst als außerordentlich liebevolle Person erleben und doch gleichzeitig die Frau und ihr System übergehen. Seine Energie wird dann von ihr nicht als Liebe erlebt. Ich gebe zu, dieser Prozeß läßt sich nur schwer erklären, und doch bin ich immer wieder beeindruckt, mit welcher Klarheit ihn Frauen beschreiben, und das in oft ganz ähnlichen Worten.

Freundschaft

WMS- und WS-Personen unterscheiden sich auch in ihrer Auffassung von Freundschaft. Im WMS ist ein Freund jemand, auf dessen ›Teamgeist‹ man sich verlassen kann. Ein Freund ist ein ›Kumpel‹, ein ›Kamerad‹. Im WS gehört zur Freundschaft eine tiefe Achtung des anderen, Vertrauen und Offenheit füreinander.

Das intime Gespräch und die Teilnahme am Leben des anderen stehen im WS im Mittelpunkt der Freundschaft. Echte Freunde können sich dem anderen völlig ausliefern ohne Angst, daß der andere das mißbraucht.

Frauen werden in ihren Beziehungen zu Männern häufig verletzt, weil sie sich vollkommen öffnen, ohne vom anderen Respekt und Offenheit zu bekommen. Im WS sind Kennen und Erkanntsein wichtige Elemente der Freundschaft. Die Entwicklung zu solcher menschlichen Nähe setzt sehr viel Freude und Energie frei. Jeder möchte den anderen sehr gerne kennenlernen. Dadurch entsteht ein stabiles Gleichgewicht, ein Gespür für Gleichheit und ein gemeinsames Ziel.

Eine Bekannte von mir beteuerte immer wieder, sie und ihr Mann seien noch immer Freunde, obwohl ihre Ehe gefährdet sei. Ich sagte ihr schließlich, daß ich das anders sähe. Er hatte keine Achtung vor ihr. Das wurde deutlich aus der Art und Weise, wie er sie psychologisch in Schach hielt und mit seinen Bedürfnissen erdrückte. Außerdem hatte er nicht den Wunsch, sie wirklich kennenzulernen. Im Sinne des WS war das nicht Freundschaft.

Meine Bekannte dachte eine Weile darüber nach und erkannte, daß sie sich seiner Vorstellung von Freundschaft angepaßt hatte – der Vorstellung des WMS. Solange sie ihren Teil zu den Aufgaben der Familie beitrug, konnten sie und ihr Mann Freunde sein – d. h. nach *seinen* Bedingungen.

Erfüllte sie jedoch die ihr zugedachte Rolle nicht, fanden sie keine Basis für eine Freundschaft, und schon gar keine nach *ihren* Vorstellungen.

Sie versuchte ihm oft von sich zu erzählen, von ihren Gedanken, Gefühlen und Erkenntnissen. Er pflegte dann pflichtschuldigst zuzuhören, aber im Grunde lag ihm nichts an solch wechselseitiger Offenheit. Er erwartete von ihr die Art der Freundschaft, die er brauchte, aber sie bekam nicht die Freundschaft, die sie brauchte.

Immerhin war sie der Mensch, der noch am meisten Anteil an seinem Leben hatte. Viele Männer, die zu mir in Therapie kommen, erzählen mir, daß sie niemanden haben, dem sie sich wirklich anvertrauen können bzw. den sie wirklich gut kennen – außer ihren Ehefrauen. Die Frauen andererseits haben meistens mindestens eine ganz gute Freundin. Diese Freundin erfüllt ihr Bedürfnis nach jener Art von Intimität, die sie von ihren Männern nicht bekommen.

Die Freunde der Männer sind meistens ›Kumpel‹, mit denen sie zusammenarbeiten oder Sport treiben. Es ist durchaus möglich, daß sie sich niemals richtig kennenlernen oder wirklich nahe sind. Vielleicht haben sie dieses Bedürfnis auch gar nicht, besonders dann, wenn ihr Ich und die Arbeit im Mittelpunkt ihres Lebens stehen.

Ich sage nicht, diese Auffassung sei falsch oder die weibliche Auffassung von Freundschaft sei ›richtig‹. Eines weiß ich allerdings: Es ist für Männer und Frauen – und ganz speziell für Ehepartner – sehr schwer, wirkliche Freunde zu sein – und das ist ein Jammer.

Elternschaft

Auch die Eltern-Kind-Beziehung wird in den beiden Systemen sehr unterschiedlich verstanden. Das WMS sieht die Aufgabe der Eltern hauptsächlich darin, dem Kind die Spielregeln beizubringen, so daß es im System nicht aneckt und seinen Beitrag dazu leistet. Der Mutter wird meistens die Aufgabe der Kindererziehung zugewiesen, doch soll sie sich dabei auf die Übermittlung der Wert- und Zielvorstellungen des WMS beschränken. Das Kind wird folglich überbehütet und davon abgehalten, Alternativen auszuprobieren.

Im WS dagegen bedeutet Elternschaft die Unterstützung der kindlichen Entwicklung und Entfaltung. Anstatt aus dem Kind etwas zu ›machen‹, liegt die Betonung im WS darauf, die schrittweise Entdeckung der eigenen Persönlichkeit liebevoll zu begleiten. Eltern und Kinder arbeiten gemeinsam an diesem Prozeß. Vorausgesetzt wird, daß das Kind lernen muß, sich in dieser Welt zurechtzufinden und dafür braucht es einige bestimmte Fertigkeiten. Wird das Kind zu sehr behütet, wird es niemals die zum Überleben erforderlichen Fertigkeiten lernen.

Das WS betont den *Prozeß* des Wachsens und Werdens. Das WMS dagegen betont, wie die fertigen WMS-Personen zu sein haben.

Als mein Sohn noch sehr klein war, sah ich ihn einmal so schnell seine kleinen Füße ihn tragen konnten die Straße hinunterrennen. Er sauste durch die Doppeltür unseres Hauses, schloß sie sorgfältig hinter sich zu und fing dann fürchterlich zu heulen an. Er hatte seinen Finger ganz schlimm an der Schaukel eines Nachbarn verletzt. Ich sah, daß er wohl genäht werden mußte.

Nachdem wir vom Arzt zurückgekommen waren und er sich beruhigt hatte, fragte ich ihn, warum er nicht schon geweint hätte, bevor er ins Haus gekommen war und er die Tür hinter sich geschlossen habe. Da erzählte er mir, sein Lieblingsnachbar, der ihm oft Kekse gab, hätte zu ihm gesagt: »Ein großer Junge weint doch nicht.« Ich war entsetzt darüber, daß mein Kind schon zu einer WMS-Person konditioniert werden sollte. Ich setzte mich mit ihm hin und versicherte ihm liebevoll, Papa würde manchmal weinen, Opa würde weinen usw. Ich wollte ihm verständlich machen, daß Schmerzen und Tränen zum menschlichen Leben gehören und daß das, was andere Leute vielleicht unter ›Männlichkeit‹ verstehen, für einen selber nicht immer richtig ist. Es war mir klar, daß dies nicht das letzte Mal sein würde, daß wir dieses Thema diskutieren. Kindererziehung in einer Welt des WMS ist bestimmt nicht leicht!

Feste Bindungen

Um diese Betrachtung über Beziehungen abzuschließen, möchte ich noch ganz kurz auf das Thema ›Verpflichtungen‹ eingehen. Im WMS werden Verpflichtungen gleichgesetzt mit Gefesseltsein, Gefangenschaft. Das WS versteht unter einer Verpflichtung eine verbindliche Beziehung.

Wenn Männer ständige Beziehungen beschreiben, so klingt das immer so nach dem Verlust von Freiheit. Haben sie sich erst einmal fest gebunden, dann haben sie das Gefühl, keine Bewegungsfreiheit und keine Wahlmöglichkeiten mehr zu haben. Die Ehe ist für sie nicht eine Chance zur Entwicklung, sondern eine Gefängnisstrafe! In dem alten Brauch des Polterabends kommt diese Einstellung ganz klar zum Ausdruck – die letzte Nacht der ›Freiheit‹ eines Mannes wird gefeiert, bevor er sein ›Lebenslänglich‹ antritt.

Im WS ist eine verbindliche Beziehung eine Bindung zu einem anderen Menschen, die durch ein Versprechen bekräftigt wurde. Da ist kein Gedanke daran, daß etwa die eigene Freiheit aufgegeben werden muß – viel eher, daß sie unterstützt wird. Die Ehe ist ein Schritt in Richtung Freiheit, nicht ein Schritt zurück. Um diesen Schritt tun zu können, muß man erwachsen sein und sich von der Last des WMS befreit haben. Und man muß sich selbst ganz genau kennen, bevor man eine solche verbindliche Beziehung eingehen kann.

Man muß sich immer vor Augen halten, daß wir Systeme in ihrer Eigendefinition und Funktionsweise diskutieren, nicht Individuen! Niemand ist ein WMS- oder WS-Mensch in Reinkultur. Manche Männer gehen in ihren Beziehungen ganz nach Art des WS vor, manche Frauen eher nach der Art des WMS.

Da jedoch WS- und WMS-Personen so unterschiedliche Auffassungen von Beziehungen haben, sind Verbindungen zwischen ihnen oft so gefährdet. Viele unglückliche Ehen sind die Folge.

Dies läßt sich nur ändern, wenn wir alle ganz klar erkennen – und dies auch zugeben –, daß das WMS nur *ein* System ist und nicht die alleinige Wahrheit. Und wir müssen lernen, auch das WS und seine Vorzüge zu schätzen.

Wie Macht verstanden wird

Das WMS sieht Macht sozusagen als begrenzte Menge, während für das WS Macht eine unbegrenzte Größe ist. Das WMS geht davon aus, daß ein Mensch, der z. B. 20 Machteinheiten hat und davon 12 abgibt, hinterher nur noch 8 Einheiten übrig hat. Je mehr man also seine Macht mit anderen teilt oder zugunsten von anderen aufgibt, desto weniger hat man für sich selbst. Es gibt nur ein bestimmtes Potential an Macht, und es ist ratsam, sich so viel wie möglich zu ergattern und dann äußerst sparsam damit umzugehen.

Dieser Begriff von Macht geht von der Vorstellung aus, daß Macht knapp ist. Ich hörte einmal eine Frau sagen: »Ich möchte die bekannteste Feministin dieser Stadt sein, und um das zu werden, muß ich die So-und-So ausbooten« (eine andere bekannte Feministin). Sie hatte das Machtmodell des WMS übernommen. Ihrer Überzeugung nach gab es auf dem Sektor Feminismus nur eine ganz begrenzte Menge an Macht und Einfluß, und um genug davon abzubekommen, mußte sie den anderen Frauen ein möglichst großes Stück von dem Kuchen wegnehmen.

Im WS wird Macht so ähnlich gesehen wie Liebe. Macht ist unbegrenzt – sie wird mehr, wenn man sie mit anderen teilt. Man braucht sie nicht zu horten, denn sie vermehrt sich nur, wenn sie abgegeben wird. Diese unterschiedliche Auffassung von Liebe und Macht wird oft ganz deutlich nach der Geburt eines ersten Kindes. Der Mann glaubt, daß Liebe begrenzt ist und daß die Liebe, die das Kind von seiner Frau bekommt, ihm, dem Mann, abgeht. Die Frau andererseits stellt fest, daß sie wohl weniger Zeit und Kraft für Rituale hat, dafür aber eine größere Liebesfähigkeit.

Genauso ist es auch mit unserer Macht: Wenn wir sie mit anderen teilen, wird sie größer. Dasselbe gilt auch für Ideen. WMS-Personen tendieren dazu, ihre Ideen festzuhalten, sie zu ›horten‹, sie zu ›besitzen‹. Da sie jedoch ihre Ideen ängstlich bei sich behalten und sie anderen nicht mitteilen, verkümmern sie. Nur wenn wie im WS ein freier Austausch von Ideen stattfindet, können Ideen wachsen und reifen, frisch und lebendig bleiben.

Es wäre besser, Macht ebenso wie Liebe als unbegrenzte Größe zu betrachten. Es wäre besser, wenn man anders damit umginge. Das WMS sieht in der Macht ein Mittel, andere zu dominieren und beherrschen. Das WS sieht in Macht eine *persönliche* Eigenschaft, die mit der Beherrschung anderer nichts zu tun hat.

Auch hier ist nicht das eine richtig und das andere falsch. Je nach Situation ist die eine oder andere ›Macht‹ angebracht. Aber jeder müßte die Freiheit haben, für sich herauszufinden, wie er Macht beschreiben und ausüben will.

Geld

Für viele Menschen ist Geld die Verkörperung von Macht. Je mehr Geld einer hat, desto größer ist sein Einfluß auf andere. Es ist jedoch interessant, welch unterschiedliche Einstellung WS- und WMS-Personen zu Geld haben.

Im WMS ist Geld eine absolute, reale Größe. Es hat einen Eigenwert. Im WS ist Geld eine relative, symbolische Größe. Es hat per se keine Bedeutung und keinen Wert.

Einer meiner Freunde hat sehr viel Geld. Von Zeit zu Zeit verleiht er welches. Verschiedentlich haben er und ein anderer Freund (der allerdings normalerweise über nur sehr bescheidene Mittel verfügt) Geld an einen gemeinsamen Bekannten ausgeliehen. Mein Freund regte sich immer sehr auf, wenn der Schuldner zuerst dem anderen das Geld zurückzahlte. Er beklagte sich dann bei mir, und ich versuchte Verständnis für ihn aufzubringen. Ich konnte seine Verärgerung verstehen, doch für mich war es ganz klar, daß der andere mit weniger Geld als erster die Rückzahlung erhalten sollte. Für mich war der Wert des Geldes immer relativ. Warum sollte nicht der andere sein Geld zuerst bekommen? War nicht für ihn das Geld viel mehr wert, weil er doch von Anfang an weniger hatte als mein Freund, und es deshalb auch dringender brauchte?

Für die meisten Frauen hat Geld überhaupt keine Bedeutung – es sei denn, sie möchten etwas Bestimmtes kaufen.

Ich verhandelte einmal mit einem Mann und wollte ein Stück Land von ihm kaufen. Ich machte ihm ein Angebot, das meiner Meinung nach durchaus angemessen war, sowohl was meine Finanzen als auch sein Grundstück anging. Er schrieb mir daraufhin einen Brief und beschuldigte mich, entweder naiv, dumm, gerissen oder hinterhältig zu sein.

Ich erkannte sofort, daß unser Problem im Grunde auf unsere verschiedenen Systeme zurückzuführen war. (Das ist es nämlich immer dann, wenn man mir alle möglichen schlechten Eigenschaften in die Schuhe schieben will.) Ich hatte versucht, aus meiner WS-Haltung heraus mit einem typischen Vertreter des WMS zu verhandeln. Das konnte ja nicht gutgehen – für ihn hatte das Geld, um das es bei dem Geschäft ging, einen absoluten Wert, während es für mich relativ war und ich es in bezug auf andere Belange sah. Seiner Meinung nach sollte ich ihm genau den geforderten Preis zahlen – das war für ihn das einzig Verbindliche.

Es war gut, daß ich auch erkannte, daß dies wieder einmal ein ›Systemproblem‹ war und nicht etwa ein persönliches. Ich hätte ihm mit Sicherheit den geforderten Preis bezahlt, wenn ich das Geld hätte aufbringen können; denn innere Integrität und Sinn für Eigentum sind für mich auch verbindliche Werte.

Uns Frauen wird oft vorgeworfen, wir hätten keinen ›Sinn für Geld‹ und könnten mit Geld nicht umgehen. Meiner Meinung nach kommt das daher, weil Geld für uns eine relative Sache ist. Wir machen damit was wir wollen. Wir brauchen es, um uns Wünsche zu erfüllen. Darüber hinaus ist es uns nicht wichtig.

Dies wird sehr deutlich bei dem Kauf von Immobilien. Wenn es darum geht, in Land und Immobilien zu investieren, haben Männer und Frauen ganz unterschiedliche Zielsetzungen. Im WMS macht man eine gute Investition, wenn man für sein Geld einen guten Gegenwert erhält und nicht einen Pfennig mehr bezahlt als das Objekt ›wert‹ ist. Im WS ist es viel wichtiger, ob man bei einer Sache ein gutes Gefühl hat. Frauen kaufen Immobilien, wenn ihnen das Objekt gefällt und sie gern selbst darin wohnen würden oder sie es für sich brauchen. Potentielle Wertsteigerungen interessieren sie weniger.

Die weibliche Einstellung zum Erwerb von Eigentum ist vielleicht nicht ›geldklug‹, sicherlich aber ›lebensklug‹. Warum sollte man denn ein Haus kaufen, wenn man nicht selbst darin wohnen möchte? Frauen sind häufig viel mehr an der Qualität und dem ganzen Kaufvorgang interessiert als an einer möglichen Rendite. Das Gefühl ist viel wichtiger als irgendwelche materiellen Überlegungen. Demzufolge behauptet man oft, Frauen könnten Geld nicht gut anlegen, sie würden zu viele ›emotionale‹ Entscheidungen treffen. Und ›emotionale‹ Entscheidungen sind ja, wie Sie wissen, weder logisch, rational oder objektiv, sondern verderbt, schlecht, verrückt oder dumm.

Führung

Führerschaft ist ein anderes Machtsymbol. Im WMS bedeutet Führung soviel wie anführen. Für das WS bedeutet Führung eine Art von Hilfestellung, so daß die anderen die ihnen gestellten Aufgaben leisten können, während der Führende gleichzeitig sein eigenes Ziel verfolgt.

Die Stellenausschreibungen für Führungskräfte haben mich oft beeindruckt und amüsiert. Manche von ihnen sind so abgefaßt, daß nur Geld selbst diese Position ausfüllen könnte! Es ist nur schlimm, daß viele strebsame Führungskräfte allen Ernstes glauben, sie könnten Gott sein, wenn sie nur wollten (und für manche ist diese Anstrengung tödlich!). In ihrem System hat ein Führer zu jeder Zeit allen anderen voraus zu sein, alle Antworten parat zu haben und das Image von Stärke, Macht und Allwissenheit auszustrahlen.

Im WS hat eine Führungsperson die Aufgabe, Leute mit dem erforderlichen Fachwissen und Können zu finden und ihnen dann Verantwortung zu übertragen. In diesem Sinne bedeutet Führung nicht, daß man allen anderen vorausmarschiert, sondern daß man die geeigneten Leute gelegentlich durch einen freundschaftlichen Rippenstoß auffordert, Verantwortung zu übernehmen. Es gehört auch dazu, andere zu ermutigen, ihre eigenen Fähigkeiten zu entdecken und auszubauen. Obwohl das WMS die WS-Definition von Führung nicht anerkennt, macht es doch von dieser Definition ständig Gebrauch für die eigenen Zwecke.

Regeln

Im WMS muß der Führende eine gründliche Kenntnis aller Regeln haben. Man braucht Regeln, um andere damit zu beherrschen und sie in ihrer Freiheit zu beschränken. Man geht davon aus, daß der Mensch egoistisch und machthungrig ist und an der Kandare gehalten werden muß.

Regeln entstehen, wenn Menschen nach irgendwelchen Konventionen leben, d. h. Regeln werden gemacht, um das System zu erhalten. Erfüllen sie ihren Zweck, werden sie nach einer Weile heiliggesprochen. Der einzelne Mensch muß sich ihnen unterordnen. Alle müssen diese geheiligten Regeln lernen, um in das System zu passen und es noch wirksamer zu unterstützen.

Im WS werden Regeln nicht gemacht, um die persönliche Freiheit einzuengen, sondern um sie auszubauen. Sie sind zum Wohle des Individuums und seiner Bedürfnisse gedacht und nicht, um das System zu erhalten. Sie sollen das persönliche Wachstum fördern. Aus diesem Grunde sind die Regeln selbst niemals starr, sondern im Fluß. Ist eine Vorschrift sinnlos geworden, kann sie in Frage gestellt, geändert oder ganz über Bord geworfen werden. Regeln haben niemals Vorrang vor dem einzelnen Menschen.

Am besten lernt man die WMS-Regeln auf einem Baseball- oder Fußballfeld, wo der Erfolg der Mannschaft wichtiger ist als die einzelnen Spieler. In Wettkampfsituationen geben WS-

Personen selten gute Mannschaftsspieler ab, weil sie die Regeln in Frage stellen, sobald diese nicht mehr dem Wohl der Spieler entsprechen.

WMS-Personen versuchen häufig, ihre Familien nach den Regeln ihres Systems zu ›managen‹. Der Mann möchte sein Familienschiff fest in der Hand haben. Oft sind jedoch Fähigkeiten, die am Arbeitsplatz nützlich sind, in der Familie unangebracht. Er legt die Regeln fest und erwartet, daß seine Frau sie durchsetzt. Häufig funktioniert aber eine Familie viel reibungsloser, wenn das Leben nach WS-Regeln ablaufen darf. Jedes Familienmitglied merkt das, nur nicht der Familienvater, und das führt streckenweise zur Sabotage. Die Frau ist gezwungen, die Autorität ihres Mannes zu untergraben und ermahnt die Kinder: »Erzählt das ja nicht eurem Vater!«

Wie Denken verstanden wird

Im WMS ist Denken ein linearer Prozeß. Um zu einer Schlußfolgerung zu kommen, geht man von Punkt A über Punkt B zu Punkt C. Im WS ist Denken ein vielfältiger, vielschichtiger Prozeß.

Diese Unterschiede werden von vielen psychologischen Untersuchungen bestätigt. Weil aber diese Untersuchungen das nicht ausdrücklich zum Thema haben, hat man die Daten über das weibliche Denken meistens unter den Tisch fallen lassen oder als unwesentlich abgetan. In jenen Studien, die tatsächlich die Unterschiede zwischen weiblichem und männlichem Denken aufzeigen sollten, wurde ›bewiesen‹, daß männliches Denken ›logisch-rational‹, weibliches hingegen ›zerstreut‹ ist.

Wie Daten interpretiert werden, welche Sprache dafür benutzt wird, welche Schlußfolgerungen daraus gezogen werden – dies sagt oft mehr über die Vorurteile des Forschenden aus als über die Daten selbst. Es ist wichtig, aus Wörtern wie ›zerstreut‹ das Werturteil herauszuhören. ›Zerstreut‹ ist etwas ganz anderes als ›vielschichtig‹. Viele der sogenannten ›wissenschaftlichen‹ Erkenntnisse über das Wesen der Frau sind nichts anderes als die Vorurteile einer WMS-Person. Man muß schon genau hinsehen, wer die Daten interpretiert und welche Einflüsse und Vorurteile da mitschwingen, bevor man die Schlußfolgerungen auswerten kann.

Lineares Denken ist nützlich. Man kommt schnell zu einem Ergebnis und man kann damit Informationen ziemlich schnell verarbeiten. Lineares Denken ist allerdings nicht sonderlich kreativ. Das vielschichtige Denken andererseits dauert länger und wertet mehr Daten aus, die auf den ersten Blick hin vielleicht unwesentlich erscheinen mögen – beispielsweise Gefühle, Intuition und Prozeßbewußtsein.

Doch Entscheidungen, die durch lineares Denken getroffen wurden, ›greifen‹ selten und finden deshalb nicht immer die einhellige Unterstützung der Beteiligten, während Entscheidungen, die durch vielschichtiges Denken getroffen wurden, im allgemeinen ›ankommen‹ und die volle Unterstützung der Gruppe finden. Keine der beiden Denkweisen ist allein ›richtig‹, beide haben ihren Wert bei der Verarbeitung von Informationen und der Entscheidungsfindung.

Wenn ich Organisationsberatung mache, kommt von den Frauen immer wieder die gleiche Klage: Wenn sie bei Personal- oder Ausschußbesprechungen ihre Meinung vortragen wollen, werde ihnen immer wieder vorgeworfen, sie ›kämen vom Thema ab‹, sie würden ›abschweifen‹, sie würden ›die Sache verschleppen‹. Was in solchen Fällen tatsächlich passiert, ist, daß die Frauen vielschichtig denken. Am besten funktioniert eine Firma, wenn beide Denkarten zugelassen werden, lineares wie auch vielschichtiges Denken. Frauen können beide Arten lernen – d. h. sie müssen es sogar, um im WMS zu überleben –, aber Männer tun sich oft sehr schwer damit. Ich habe schon sehr gute Honorare dafür bezogen, daß ich den Managern einer Firma Dinge beibrachte, die sie von den Frauen ihrer Umgebung zum Nulltarif hätten lernen können.

Wenn der eine Denktyp also logisch und rational, der andere hingegen als krank, schlecht, verrückt, dumm oder ›zerstreut‹ abgetan wird, verwirken alle die Chance für Phantasie und Wachstum. Wenn man Frauen vorwirft, ihre Art zu denken sei ›falsch‹, trauen sie ihren eigenen Wahrnehmungen nicht mehr, halten die Hände schützend vor ihren Solarplexus und verstummen entweder oder geben sich die größte Mühe, ihr lineares Denkvermögen unter Beweis zu stellen. Damit gehen dem Unternehmen und der Belegschaft wertvolle Einsichten und Impulse verloren.

Informationsverarbeitung

Männer und Frauen denken nicht nur verschieden, sie verarbeiten auch die Informationen auf ganz verschiedene Art und Weise. Der Mann nimmt eine Information im allgemeinen über die Sinnesorgane seines Kopfes auf. Sie wird dann ans Gehirn weitergeleitet, wo Folgerungen geschlossen und Entscheidungen getroffen werden, und anschließend gibt das Gehirn dem Körper die entsprechenden Befehle. Diese Art des rationalen Denkens findet meistens in der linken Gehirnhälfte statt.

Die Frau nimmt eine Information über ihren Solarplexus auf. Dort findet auch die Verarbeitung statt, bevor sie anschließend erst zur rechten, dann zur linken Gehirnhälfte übermittelt wird. Anschließend erhält der Körper den Befehl zum Handeln.

Die WMS-Verarbeitung von Informationen entspricht also mehr dem rationalen Denken, während die des WS mehr dem intuitiven Denken entspricht. Die Verarbeitung ist im WS oft langsamer als im WMS. Sie läßt sich nur schwer mit logischen Argumenten untermauern. Wenn man Frauen fragt, warum sie das so oder so machen, können sie oft nur die Schultern zucken und antworten: »Ich fühle es halt so«, oder »So fühlt es sich richtig an.« Worauf die Männer antworten: »Was haben denn *Gefühle* mit *Denken* zu tun?«

Im WMS sind Gefühl und Intuition immer dem logischen und rationalen Denken unterlegen. Männern fällt es schwer, dem intuitiven Denken zu vertrauen, es sei denn, es kann durch logische Aussagen untermauert werden – was häufig nicht der Fall ist. Wir können oft nicht erkennen, daß sowohl der Mann als auch die Frau zu beiden Denkweisen fähig sind. Keine ist die ›richtige‹ Methode, es kommt immer darauf an, welche gerade angebracht ist. Die Frauen durften ihre Intuition entwikkeln; denn dadurch konnten sie dem Wohl des Mannes besser dienen. Sie genossen dadurch Wertschätzung und Bestätigung. Diese Intuition ist oft nur darauf gerichtet, die Männer zu umsorgen und uns unersetzlich zu machen – kurz, unseren Platz zu behaupten. Unglücklicherweise dürfen wir unsere Intuition in anderen Bereichen nicht benutzen. Da müssen wir Daten logisch verarbeiten, weil wir ja in dem WMS überleben müssen. Männer dagegen brauchen nur eine Art des Denkens zu kennen – ihre eigene.

Logik

Auch unter dem Begriff Logik verstehen die beiden Systeme nicht das gleiche. Die männliche Logik ist eine Waffe. Moralische Bedenken oder Rücksichtnahme auf den anderen spielen dabei keine Rolle. Zur Logik im weiblichen Sinne gehören sowohl Takt als auch ein Gespür für Ausgewogenheit und Angemessenheit der Mittel.

Eine Klientin bat mich einmal, ihr bei einer Lehrerkonferenz beizustehen, die wegen ihrer Tochter einberufen worden war. Das kleine Mädchen hatte zwei Jahre lang einen ganztägigen Montessori-Kindergarten besucht und fühlte sich nun in der normalen Vorschulklasse todunglücklich. Die Mutter hatte deshalb die Schulverwaltung gebeten, das Kind gleich in die erste Klasse einzustufen. Sie war vor dieser Besprechung verständlicherweise ziemlich aufgeregt, da sie ganz allein nicht nur dem Direktor, sondern auch dem Schulpsychologen, dem Sozialarbeiter, dem Lesespezialisten und der Klassenlehrerin gegenübersitzen sollte. Da ich jahrelang als Schulpsychologin gearbeitet hatte, hoffte sie, daß ich ihr helfen könnte, diese Sitzung durchzustehen, weil ich die Sache als Außenstehende objektiver beurteilen könnte.

Nacheinander nahm jeder zu dem Sachverhalt Stellung, zum Schluß die Mutter. Es tauchten verschiedene Fragen auf. Schließlich setzte sich der Schulpsychologe (der die Aufnahme in die erste Klasse ablehnte) in Positur und sagte: »Nun, wenn wir das Kind die Vorschulklasse überspringen lassen und sich das hinterher als Überforderung herausstellt und es die Schule haßt und schlechte Noten nach Hause bringt, dann ist es *logi-*

scherweise unser Fehler – weil wir es überspringen ließen.« Ich erwiderte: »Kann es nicht auch passieren, daß das Mädchen sich in der Vorschulklasse schrecklich langweilt, wenn sie die Klasse nicht überspringt, und dann auch in den höheren Klassen unterfordert ist und schlechte Noten nach Hause bringt – und das ebenfalls *logischerweise,* weil wir sie die Vorschulklasse *nicht* überspringen ließen?«

Beide Aussagen sind in sich vollkommen logisch, aber dummerweise schließt eine die andere aus! Es ist durchaus möglich, daß zwei Leute ein und dieselbe Art von logischem Denken benutzen und dabei zu völlig entgegengesetzten Schlußfolgerungen kommen, von denen keine richtig sein muß. Der Schulpsychologe wollte mit Hilfe seiner Logik nicht etwa das Problem erleuchten, sondern nur seinen Standpunkt durchsetzen.

Ich habe festgestellt, daß bei Streitereien zwischen Mann und Frau der Mann oft mit einer logischen Grundsatzerklärung beginnt. Die Frau paßt sich seiner Logik an und versucht, ihren Standpunkt ebenso logisch und konsequent zu erklären. An diesem Punkt wechselt der Mann seine Beweisführung, was die Frau total verwirrt.

Wenn auch sie ihren logischen Aufbau wechselt, wird ihr vorgeworfen, sie sei unlogisch. Ganz eindeutig geht es bei der Auseinandersetzung nicht um die Sache, sondern nur um den Sieg.

Wie Kommunikation verstanden wird

Im WMS hat Kommunikation oft das Ziel, die anderen zu verwirren und sie unterzukriegen. Der Sinn von Kommunikation im WS ist, eine Brücke zwischen Menschen zu schlagen, den anderen zu verstehen und selbst verstanden zu werden.

Nach ihrer Rückkehr von einem neuntägigen Seminar, das ich über das WS gehalten hatte, versuchte einmal eine Frau, ihr neuerworbenes Wissen über Kommunikation bei ihrem Ehemann anzubringen. Alles, was sie auf diesem Seminar gehört und erlebt hatte, bekräftigte die Ansichten, die sie seit eh und je hatte. Sie erklärte ihrem Mann, daß sie ab sofort zu Hause und auch im Beruf genau das sagen würde, was sie wirklich meinte.

Ihr Mann war entsetzt. Sie arbeitete in einer Schulverwaltung, und seiner Meinung nach hatte sie all ihr Wissen ihm zu verdanken. Wenn sie nun tatsächlich ihre unverblümte Meinung sagen würde, verlöre sie sicher ihre einflußreiche Stellung und würde ihre Ehe ernstlich gefährden. Durch eine solche Ehrlichkeit würde man sich den anderen nur ausliefern. Und das könne doch wohl kaum der Zweck der Sache sein.

Häufig verstehen Männer und Frauen unter Kommunikation zwei ganz verschiedene Dinge. Deshalb gibt es zwischen Ehepaaren so viele Mißverständnisse. Männer und Frauen können ganz verschiedene Ziele verfolgen – das Tragische ist, daß sie es kaum je schaffen, dem Partner den eigenen Standpunkt verständlich zu machen.

Verhandlungsführung

Da die Kommunikation in allen Verhandlungen so wichtig ist, ist es ebenfalls kein Wunder, daß beide, WMS- wie auch WS-Personen, ganz unterschiedliche Verhandlungsstile haben. Das WS versteht unter Verhandlung einen Vorgang, wo jeder zuerst einmal seine Wünsche herausfinden und klar äußern darf. Dann allerdings muß er bereit sein, auch dem anderen aufmerksam zuzuhören, damit man zu einer für alle befriedigenden Lösung kommen kann. Jeder möchte natürlich möglichst viele eigene Wünsche erfüllt bekommen. Solche Verhandlungen machen Spaß, denn Kreativität und Phantasie werden angeregt. Dabei fahren alle Beteiligten entschieden am besten.

Im WMS ist Verhandeln dazu da, andere zu manipulieren. Die Taktik besteht darin, von vornherein mehr zu verlangen als man erwarten kann, dann zu bluffen und schließlich ein Ergebnis zu erzielen, das den eigenen Wünschen möglichst nahekommt. Der Reiz liegt nicht im Vorgang an sich, sondern im Sieg über den anderen.

Männer und Frauen gehen häufig davon aus, daß sie unter dem Begriff ›Verhandeln‹ dasselbe verstehen, aber das stimmt nicht. Da angeblich nur das WMS die Welt so sieht wie sie ist, gelten Frauen meist als schlechte Verhandlungspartner.

Zu der Verantwortung im WMS gehören Rechenschaftablegen und Drohung. Wenn etwas schiefläuft, wird der Verantwortliche zur Rechenschaft gezogen. Im WS hat Ver-antwortung etwas mit *antworten* zu tun. Wer die Verantwortung trägt, muß die Dinge zu gegebener Zeit erledigen. Er braucht niemandem zu drohen.

Als Organisationsberaterin habe ich festgestellt, daß ein Großteil der Spannungen zwischen Management und Belegschaft (d. h. zwischen Männern und Frauen) mit dem Komplex Verantwortung zusammenhängt. Das WMS erfindet raffinierte Systeme der Zuständigkeiten, damit man schnell den Sündenbock hat, wenn etwas schiefgeht. Das WS funktioniert recht gut auch ohne diese Struktur.

Ich habe einmal die Personalverwaltung einer Schule beraten. Sie bestand aus elf Frauen und einem Mann und funktionierte im allgemeinen gut – mit einer Ausnahme. Der Mann kündigte jedes Jahr und es kam ein neuer. Der Neue war jedesmal schockiert über das, was er als ›miese Organisation‹ bezeichnete.

Da es keine Verantwortlichkeit / Schuld-Struktur gab (was man nie gebraucht hatte), pflegte er diesen Zustand mit den Worten zu kritisieren: »So kann man ein Büro nicht führen«; oder: »Wir müssen entscheiden, wer zuständig und wer verantwortlich ist«; oder: »Dieses Büro wird im Chaos enden, wenn wir nicht bald ein klares Organisationsschema aufstellen.« Die elf Frauen fragten »Warum?« und stellten sich auf einen weiteren Kleinkrieg ein. Am Ende des Jahres pflegte dann der jeweilige Mann – zu diesem Zeitpunkt schon völlig frustriert – seinen Abschied zu nehmen und das Büro funktionierte weiter wie gehabt. Das Zahlenverhältnis von 11:1 ist allerdings bezeichnend – anders hätte man das WS in dem Büro niemals durchsetzen können!

Früher hielt ich Wochenendseminare in meinem Haus in den Bergen ab. Ich schrieb ein Wochenende für Paare aus und das nächste für Frauen alleine. Ein paar Frauen waren auf beiden Workshops.

Bei dem Wochenende für Paare gab es regelmäßig bei jeder Mahlzeit einen Mann, der entschied, man müsse die Sache organisieren, sonst käme nie eine Mahlzeit auf den Tisch und kein Mensch würde abwaschen. Selbstverständlich teilte er jedem seine Aufgabe zu. Erst als minutiös geklärt war, wer für welche Aufgabe zuständig war, konnten er und die anderen Männer sich endlich entspannen.

Bei dem Wochenende mit Frauen war das anders. Immer wenn man Hunger hatte, kochten ein paar Frauen zusammen. Die anderen machten nachher den Abwasch. Von Verantwortung und Zuständigkeiten war überhaupt keine Rede. Man setzte schlicht voraus, daß das Notwendige auch getan würde.

Das Thema ›Zuständigkeit – Verantwortung‹ ist oft ein Schlüsselfaktor um herauszufinden, wann eine Organisation zusammenzubrechen droht.

Da das WS-Konzept von Ver-antwortung – nämlich die Fähigkeit zu antworten – selten als brauchbar angesehen wird, sabotieren Frauen oft die WMS-Hierarchie auf eine subtile und passive Art und Weise.

Entscheidungen

Verantwortung geht Hand in Hand mit Entscheidungen, und auch auf diesem Gebiet gehen die Meinungen von WMS- und WS-Personen weit auseinander. Im WMS gibt es alle möglichen Verfahrensrichtlinien, Satzungen und Geschäftsordnungen, die die Prozedur der Entscheidungsfindung genau vorschreiben. Es wird erwartet, daß jedermann diese Regeln in- und auswendig kennt, quasi von Geburt an. Tatsächlich sind diese ehernen Regeln fast allen von uns in Fleisch und Blut übergegangen, da sie ja so ein wesentliches Element des WMS sind.

Im WS dagegen kommen Entscheidungen durch Konsens zustande. Jeder Beteiligte ist dafür verantwortlich, daß die anstehenden Fragen geklärt werden und daß jeder seine Ansicht einbringen darf.

Bei Mehrheitsbeschlüssen à la WMS kommt es vor, daß ganze 49% der Beteiligten mit der Entscheidung zufrieden sind. Je nachdem, wie unglücklich oder unzufrieden sie mit dem Ergebnis sind, werden sie versuchen, die Entscheidung zu sabotieren. Basiert die Entscheidung jedoch auf einem Konsens aller Beteiligten, dann bekommt jeder genug Zeit, seinen persönlichen Standpunkt zu klären. Dadurch kann er die Entscheidung mittragen und bis zu einem gewissen Grad auch unterstützen. Auf diese Weise fühlt sich niemand überfahren. Das Interesse des einzelnen ist genauso wichtig wie das Gemeinwohl. Allerdings sind solche Entscheidungen auch sehr anfällig für Sabotage.

So taktiert das WMS z. B. folgendermaßen: Es ermutigt eine Gruppe, bestimmte Entscheidungen durch gemeinsamen Konsens zu treffen, ohne ihr allerdings beizubringen, wie man das macht. Kommen dann keine praktikablen, ›richtigen‹ Entschlüsse zustande, dann wird behauptet, daß Konsensentscheidungen eben nichts taugen.

Jede Art der Entscheidungsfindung kann – je nach Lage der Dinge – angebracht sein. Die nach starren Regeln getroffenen Mehrheitsbeschlüsse des WMS sind zwar wirksam und durchaus praktisch, aber die WS-Entscheidungen sind phantasievoller und haben mehr Aussicht, wirklich von der ganzen Gruppe mitgetragen zu werden.

Weg oder Ziel

Das WMS ist produkt- und zielorientiert. Fast immer heiligt der Zweck die Mittel, und es kommt nicht darauf an, wie ein Ziel erreicht wird – Hauptsache, es wird erreicht. Nur das Ergebnis zählt. Für Männer ist das Leben eine Jagd nach immer neuen Zielen.

Das WS ist prozeß-orientiert. Der Weg ist das Ziel. Unbekümmert ändern wir oft unsere Ziele, und wir haben gar kein schlechtes Gewissen, wenn wir das ursprüngliche Ziel nicht erreichen (höchstens wenn uns die Männer deswegen Vorwürfe machen).

Diese Unterschiede werden ganz deutlich bei Paaren, die zusammen eine Wanderung machen. Der Mann setzt das Ziel der Wanderung fest – z. B. einen Berggipfel – und strengt dann all seine Kräfte an, um dieses Ziel zu erreichen. Hat er das geschafft, ist für ihn die Wanderung eigentlich ›gelaufen‹ – der Rückweg ist nur ein notwendiges Übel, das man halt in Kauf nehmen muß. Die Frau dagegen sieht die Wanderung in ihrem Prozeß, d. h. in ihrem Ver-lauf. Sie bleibt immer wieder stehen, riecht an den Blumen, schaut dem Wasser zu oder setzt sich ins Gras. Mal macht sie einen kleinen Umweg, mal wandert sie zielstrebig drauf los. Ihr Mann findet sie ›faul‹, sie kann überhaupt nicht richtig wandern, für ihn ist sie ein Klotz am Bein. Nur ganz selten anerkennt er, daß beide Arten des Wanderns ihre Vorzüge haben; nein, *er* macht es ›richtig‹ und *sie* macht es ›falsch‹. Kein Wunder, daß Frauen von diesen gemeinsamen Wanderungen schließlich die Nase voll haben!

Erhaltung oder Ausbeutung

Viele der WMS-Ziele können nur durch Ausbeutung erreicht werden. Im Gegensatz dazu sind die Ziele des WS auf Erhaltung und ›friedliche Ko-existenz‹ ausgerichtet.

Für das WMS sind Menschen, Tiere und die ganze Erde nur dazu da, ihm zu dienen. Grundbedürfnisse sind völlig überwuchert von dem Drang, immer noch mehr Geld und Güter herbeizuschaffen. Ein bekanntes New Yorker Hotel ist hierfür ein gutes Beispiel. In diesem Hotel gibt es eine hauseigene Heizung, eine hauseigene Klimaanlage, die hauseigene Musikberieselung und eine hauseigene Duftkomposition für die diversen Räumlichkeiten. Man kann dort jahrelang leben, ohne mit der Stadt New York selbst in Berührung zu kommen. Ein solches Hotel erfordert natürlich einen immensen Energieaufwand. Aber die Beherrschung der Umwelt – dieses an sich göttliche Privileg – ist ja ein Hauptziel des WMS.

Das ideale Haus hat das ganze Jahr hindurch eine konstante Temperatur. Das ideale Einkaufszentrum ist voll klimatisiert. Das ideale Auto ist klimatisiert und mit einer Stereoanlage ausgestattet. Was macht es schon aus, wenn wir für unsere Bequemlichkeit die Erde ausbeuten? Was macht es schon aus, wenn wir unsere physische Anpassungsfähigkeit für Temperatur- und Feuchtigkeitsschwankungen verlieren? Und so weiter.

Das WS sorgt sich um die Erhaltung und Rettung unseres Planeten. Darin hat es viel Ähnlichkeit mit dem Weltverständnis der Indianer. Jeder soll im Einklang mit den Prozessen, den Zyklen, den Jahreszeiten der Erde leben, soll in Harmonie mit ihnen sein und sie nicht beherrschen wollen.

Es ist deshalb nicht verwunderlich, daß WS-Personen sich oft in Umweltbewegungen engagieren, z. B. für die Erhaltung der Wale, der Wälder, der noch unberührten Lebensräume. Bei allen Bewegungen gegen die Umweltverschmutzung stehen sie an vorderster Front. Jedes dieser Probleme mag für sich genommen vielleicht nicht so weltbewegend sein, aber jedes hat eine tiefe symbolische Bedeutung.

In den Abendnachrichten hörte ich neulich, daß es einer Gruppe von Forschern in Washington D. C. angeblich gelungen sei, die Technologie zur Kontrolle des Wetters zu entwikkeln. Um die letzten Experimente und Studien durchzuführen, müsse man nur noch ein paar Milliarden Dollar auftreiben, dann hätte man die Sache im Griff. Ich war von jener typischen WMS-Denkweise und Motivation wieder einmal erschüttert – als ob es so erstrebenswert sei, das Wetter zu kontrollieren und soviel Zeit und Geld dafür aufzuwenden. Meine spontane Reaktion war: »Wozu soll denn das gut sein?« Und die Antwort darauf heißt natürlich: »Um zu sein wie Gott.« Mit nichts kann man göttliche Macht besser demonstrieren, als wenn man Wind machen kann, Sonne und Schnee!

Im WS, so kam mir unwillkürlich in den Sinn, würde man das Geld und die Energie nicht einsetzen, um die Welt zu unterwerfen, sondern um friedlich darin zu leben.

Keine der beiden Einstellungen ist ›richtig‹. Der Mensch muß die ihm zur Verfügung stehenden Schätze der Erde nutzen können. Doch dazu muß man unseren Planeten nicht ausplündern und zerstören.

Wie Moral verstanden wird

Im WMS ist Moral eine öffentliche Angelegenheit. Im WS ist sie eine persönliche Sache.

Das WMS versucht, seinen Moralkodex durch Gesetze in der Politik, Wirtschaft und Erziehung zu verankern. Jedermann soll seine Definition von falsch und richtig übernehmen. Jeder soll die WMS-Mythen und -Glaubenssätze vertreten.

Das WMS gibt zwar zu, daß es eine persönliche Moral gibt, aber sie wird auf die Frauen und die Kirche abgeschoben. Das ist auch der Grund, warum in unserer Kultur persönliche Integrität nicht so viel Gewicht und Einfluß hat wie die öffentliche Moral.

Geraten öffentliche und persönliche Moral in Konflikt, so obsiegt immer die öffentliche Moral. Ein gutes Beispiel ist die Ära Nixon. Lügen, betrügen und stehlen zum ›Wohle‹ des Landes oder des Präsidenten waren ›richtig‹.

Die Kirche spielt in Politik, Wirtschaft und Erziehung die gleiche Rolle, wie die Frauen in der Männerwelt. Sie ist da und man soll schon hin und wieder auf sie hören, doch letztlich hat sie nicht viel zu sagen. Das WMS reagiert ausgesprochen wütend, wenn Frauen oder die Kirche es wagen, sich der öffentlichen Moral entgegenzustellen. Das zeigt sich immer dann ganz deutlich, wenn der Klerus versucht, in weltlichen Dingen mitzureden.

Viele Leute waren hell empört, als sich Pfarrer in die Bürgerrechtsbewegung ›einmischten‹. Auf Protestmärschen und Demonstrationen wurden die Geistlichen oft als erste angegriffen.

Ein guter Freund von mir war vor Jahren Pfarrer in einer weißen Gemeinde in den amerikanischen Südstaaten und trat entschieden für die Bürgerrechtsbewegung ein. Obwohl die Gemeinde ihn und seine Familie gern hatte und seine Arbeit anerkannte, konnte sie sein Engagement nicht akzeptieren. Sie beschworen ihn, sich auf seine kirchlichen Pflichten zu konzentrieren und nicht Politik, Wirtschaftsfragen und Erziehungsprobleme in die Kirche hineinzutragen. Er konnte jedoch seine persönliche Einstellung nicht von der kirchlichen Verkündigung trennen. Am Ende wurde er aufgefordert, seinen Abschied zu nehmen.

Wie Heilen und Unsterblichkeit verstanden werden

Im WMS ist Heilen eine Sache des Fachmanns. Er muß allwissend sein und den entsprechenden Schein haben. Kann er nicht herausfinden, was dem Kranken fehlt oder hat seine Verordnung keinen Erfolg, dann muß die Krankheit simuliert sein. Der Arzt ist unfehlbar!

Im WS besteht die Aufgabe des Arztes darin, die in dem Kranken vorhandenen Kräfte zur Selbstheilung zu wecken und zu fördern. Der Arzt muß natürlich medizinische Kenntnisse haben, aber er gebraucht sie, um den Selbstheilungsprozeß in Gang zu setzen.

Ich arbeitete einmal als Jugendpsychologin in einem psychiatrischen Krankenhaus. Immer wenn ich den Satz »Der Patient ist unheilbar« hörte, beschlich mich ein ungutes Gefühl. Schließlich wurde mir klar, daß es für mich heißen mußte: »Ich weiß nicht, wie ich den Patienten behandeln soll.« Was natürlich einen allgemeinen Aufruhr hervorrief!

Im WS ist Heilung ein Prozeß, der mit der Unterstützung und Hilfe des Heilenden im Kranken selbst stattfindet. Ein Vertrauensverhältnis zwischen Patient und Arzt ist die Voraussetzung für jede Heilung. Um den Selbstheilungsprozeß des Patienten in Gang zu bringen, ist es außerdem wichtig, daß der Heilende mit sich selber im reinen ist. Die Gesundung eines Menschen hängt niemals von der gottähnlichen Allwissenheit des Arztes ab, wie das WMS behauptet.

Eine der Bastionen des WMS in der heutigen Zeit ist der Amerikanische Ärztebund (American Medical Association). Seine Mythen und Grundregeln sind fast identisch mit denen des WMS, weshalb so viele amerikanische Ärzte sich so gottähnlich gebärden.

Da die Anhänger des WMS glauben, sie könnten so sein wie Gott, sind sie natürlich am Thema Unsterblichkeit brennend interessiert. Personen des WS dagegen erkennen, daß wir nicht unsterblich sind und halten sich bei diesem Thema nicht lange auf.

Fast jeder Mann, der zu mir in Therapie kam, behandelte mehrere Sitzungen lang seine Ängste in puncto Unsterblichkeit. Wenn einer sein will wie Gott, dann wirft das Thema Unsterblichkeit natürlich einige ganz spezifische Probleme auf. Denn wenn man (wie die meisten Menschen) sterblich ist, ergeben sich ganz schön heikle Probleme. Auf einer bestimmten Stufe ihres Bewußtseins glauben nämlich erstaunlich viele Männer allen Ernstes, sie könnten Unsterblichkeit erlangen. Sie müßten nur noch den Dreh herausfinden! Beim gegenwärtigen Stand der Dinge gibt es jedoch nur drei Möglichkeiten, sich zu verewigen: Man muß entweder Kinder haben, insbesondere männliche Nachkommen, die den Familiennamen und den Stammbaum weiterführen, man muß materielle Güter anhäufen oder man muß ewige Werte produzieren – etwa Meisterwerke der Literatur und Wissenschaft!

Das Bedürfnis, sich durch seine Kinder zu verewigen, ist meiner Meinung nach einer der Gründe, warum der Monogamie in unserer Kultur eine so große Bedeutung zukommt. Wenn eine Frau ein Kind bekommt, weiß sie genau, daß dieses Kind ihres ist, sie hat da nie den leisesten Zweifel. Der Mann dagegen kann nie mit absoluter Sicherheit wissen, daß das Kind von ihm stammt.

Folglich muß er die Frau davon überzeugen, daß Monogamie absolut notwendig und richtig ist, und dies wiederum kann er ihr leicht einreden, wenn er sie davon überzeugt, daß sie nur durch eine Beziehung zu einem Mann von ihrer Ursünde, dem Frausein, erlöst werden kann. Für einen Mann ist diese Unsicherheit, ob das Kind von ihm ist oder nicht, schlechtweg entsetzlich.

Welche Ironie, daß diese gottgleichen Männer zur Sicherung ihrer Unsterblichkeit von so ›niederen‹ Wesen abhängig sind. Hier liegt wahrscheinlich einer der Hauptgründe dafür, warum Männer die Frauen hassen und fürchten.

Eine Frau, die sich um ihre Unsterblichkeit sorgt, ist mir noch nicht über den Weg gelaufen. Auch die Frau wünscht sich Bestätigung von ihren Kindern, aber sie erwartet nicht, daß diese ihr ein ewiges Leben auf Erden garantieren. Im allgemeinen schlägt sie sich mit viel banaleren Dingen herum – sie muß um ihr Überleben kämpfen und um die Entwicklung eines Selbstwertgefühls.

Ein kurzer Vergleich der beiden Systeme

Aufgrund der Beobachtungen, die ich zusammen mit anderen Frauen machen konnte, die sich ihres eigenen Systems bewußt und sicher waren, kann ich nun einige generelle Schlußfolgerungen ziehen.

Das WMS ist im allgemeinen ein analytisches, definierendes System.

Das WS dagegen ist auf Ganzheit und Entwicklung ausgerichtet.

Das WMS ist bestrebt, die Welt zu analysieren, zu verstehen, zu erklären. Zu diesem Zweck wird ein Ganzes in seine Bestandteile zerlegt und jedes einzelne Teil genau definiert. Und so wie das WMS Menschen und Dinge definiert, sieht es sie auch.

Das WS sieht die Welt in einem ewigem Wachstum und Wechsel.

Sie kann deshalb nicht definiert werden, wir können sie lediglich in ihrer Entfaltung beobachten. Wir können die Welt nur begreifen, wenn wir diesen Evolutionsprozeß beobachten, daraus lernen und ihn unterstützen. Da brauchen wir nichts und niemanden zu zerpflücken. Wir müssen nicht kontrollieren und definieren.

Warum sind WMS und WS so radikal verschieden? Weil Unterschiedlichkeiten von beiden Systemen in radikal entgegengesetzter Weise betrachtet werden.

Das WMS sieht in jeder Unterschiedlichkeit eine große Bedrohung.

Das WS begreift Abweichungen als Chance für stetiges Wachstum.

Wenn Verschiedenheit für gefährlich und schädlich erklärt wird, dann ist es ungemein wichtig, daß alle gleich denken und handeln. Unser Erziehungssystem ist deshalb auf das ›durchschnittliche‹ Kind zugeschnitten. Jedes Kind, das ›über‹ oder ›unter‹ dem Durchschnitt liegt, muß dem Mittelmaß angepaßt werden. Jeder, der auf seinem Recht auf Anderssein besteht, muß beseitigt werden, entweder wortwörtlich oder in übertragenem Sinn.

Weil sich das WMS weigert, den Wert und den Sinn der Unterschiede anzuerkennen und sie nur als Bedrohung wahrnimmt, der man entgegentreten muß, ist es ein geschlossenes System. Es erstickt die schöpferischen Kräfte und höhlt sich innerlich aus. Es verschwendet und verliert ständig Energie und steuert auf einen Zustand der Entropie zu.

Da das Weibliche System Unterschiedlichkeiten als Chance für Stimulation und Wachstum sieht, wurde es vom WMS fast vollständig vereinnahmt. Frauen haben hingegen erkannt, daß sich das WMS von ihrem eigenen System unterscheidet und haben versucht, von ihm zu lernen. Doch unsere Neugier und unser ehrliches Interesse – ganz zu schweigen von unserem Bedürfnis zu überleben – haben uns nur geschadet. Wir, der unterworfene und minderwertige Teil der Menschheit, haben uns das System der dominierenden, überlegenen anderen Hälfte zu eigen gemacht. Doch unser eigenes System hat man ignoriert oder untergraben.

Das soll keine erschöpfende oder umfassende Erörterung dieser beiden Systeme sein.

Ich sehe darin nur einen Anfang, einen ersten Schritt, in einem Prozeß hin zu einem besseren Verständnis der Welt und der Menschen untereinander.

Wenn ich meine Vorstellungen und Theorien mit anderen Frauen bespreche, passiert es häufig, daß sie von der Beschreibung des WS ganz begeistert sind.

Viele sagen: »Zum ersten Mal höre ich jemanden das sagen, was ich instinktiv schon immer wußte.« Frauen hören nur selten etwas über ihr eigenes System; und wenn, dann nur abfällige Äußerungen. Es ist wichtig, daß beide, Männer und Frauen, wissen, es gibt ein WS, und das ist gut – nicht unbedingt besser, aber gut.

Es ist außerdem wichtig, daß Männer wie Frauen das WMS als das erkennen, was es ist – nämlich ein System. Es ist nicht die Realität. Es entspricht nicht der Wirklichkeit. Die Realität läßt sich, wenn überhaupt, nur sehr schwer ändern, aber ein System kann verändert werden, auch wenn das einen Kampf bedeutet. Das gibt uns Hoffnung. Wenn wir lernen zu erkennen, daß es neben dem WMS zumindest noch ein anderes System gibt, dann können wir mit der Zeit auch andere Systeme und Realitäten wertschätzen.

Wir können dann den Systemen der Schwarzen, der Chicanos, der Asiaten und Indianer mehr Aufmerksamkeit widmen und auch von ihnen lernen. Erst dann können wir die ganze Fülle der menschlichen Möglichkeiten erkennen.

KAPITEL 6

Paradox, Dualismus und die verschiedenen Ebenen der Wahrheit

Nur das ist, was nicht ist

Bisher habe ich mich hauptsächlich mit den Inhalten des WMS und des WS befaßt. Man kann jedoch die beiden Systeme und ihre Funktionsweisen nur dann umfassend begreifen, wenn man auch ihren Prozeßcharakter untersucht.

Der erste Prozeß, den ich an dieser Stelle untersuchen möchte, ist das Paradox. Das WMS hat – wenn überhaupt – wenig Verständnis dafür. Das Paradox ist nicht linear und kann nicht zahlenmäßig erfaßt werden. Und doch bedienen sich einige der bedeutendsten philosophischen Entwürfe unserer Welt des Paradoxons. Wer kennt nicht den Satz »Wer sein Leben verliert, wird es gewinnen«? Wer von uns weiß wirklich, was das bedeutet? Wenn man einen Zugang zum Paradox finden möchte, muß man zunächst bereit sein, die intellektuelle wie auch die physische Kontrolle aufzugeben. WMS-Anhängern fällt das sehr schwer.

Ich bin zu der Auffassung gekommen, daß im Paradox einer der Schlüssel zur psychotherapeutischen Heilung liegt. Die einzige Möglichkeit, aus einer Depression herauszukommen, besteht darin, in sie hineinzugehen. Die einzige Möglichkeit, mit Wut fertig zu werden, besteht darin, sie zu ›umarmen‹, d. h. zuzulassen. Wer zu seiner Wut ja sagen kann, kann sie akzeptieren, sie wertschätzen, sie durcharbeiten und sie schließlich hinter sich lassen.

Da die meisten Therapie-Ansätze linear und von Männern entwickelt worden sind, machen nur wenige Gebrauch vom Paradox. Es kann von der linken Gehirnhälfte nur teilweise verstanden werden; hierzu bedarf es einer ganzen Menge Intuition aus der rechten Gehirnhälfte. Das Paradox anwenden ist so, als ob man nach Osten geht, um Ziele im Westen zu erreichen. Die Strecke mag zwar länger sein, aber der Weg zum Ziel ist ganz bestimmt interessanter und anregender – zumindest aber ganz anders – als der direkte Weg. Das Paradox anwenden ähnelt dem Versuch, sich an einen längst vergessenen Namen zu erinnern. Wenn wir uns krampfhaft bemühen, den Namen ins Bewußtsein zurückzurufen, gelingt uns das nur selten. Lassen wir jedoch die Sache auf sich beruhen und beschäftigen wir uns mit etwas anderem, taucht plötzlich der Name wie ein Licht in uns auf. Dies ist weder ein rationaler noch ein intellektueller Vorgang. Es geschieht einfach. Wer Denken zulassen möchte, muß dem Paradox vertrauen, daß Denken durch Nichtdenken entsteht!

Alle großen Weltreligionen betonen die Bedeutung der Hingabe. Hingabe ist in sich paradox. Wer Macht sucht, muß sie verlieren. Wer Macht hergibt, wird sie gewinnen. Vielleicht nicht *die* Macht, die er zunächst gesucht hat, vielleicht aber eine viel wertvollere. Das Paradox wird sehr deutlich in der Kindererziehung. Wenn wir versuchen, unsere Kinder zu kontrollieren und festzuhalten, verlieren wir sie. Wenn wir sie loslassen, kehren sie als eigenständige Menschen zu uns zurück.

WMS-Personen fällt es sehr schwer, dem Paradox Raum in ihrem Leben zu geben. Wenn sie das nämlich täten, müßten sie ihre Kontrolle lockern, und welcher Machtmensch tut das schon gern.

Frauen können sich für das Paradox begeistern und finden es anregend und bereichernd. Dabei ist es uns völlig gleich, wer die Führung hat. Da wir von vornherein wenig zu sagen haben, neigen wir dazu, uns weniger um Machtfragen zu kümmern als die Männer, und sind deshalb für das Paradox im Alltag viel aufgeschlossener. Wir erkennen, daß es nicht nur eine einzige Wahrheit gibt – und daß im Grunde alle Wahrheit eins ist.

Wenn sich endlich auch das WMS dem Paradox öffnet, werden ihm Macht und Kontrolle nicht mehr so wichtig sein. Es wird dann aufgeschlossener sein für die Erfahrung, welche Reichtümer das Paradox auch ihm bereit hält.

Das Entweder-Oder-Syndrom

Das WMS ist ein dualistisches System. Es denkt in Dichotomien und glaubt, die Welt müsse so gesehen werden. Wir werden dazu erzogen, die Dinge dualistisch zu sehen und die Welt vereinfachend in ›Entweder-Oder‹-Kategorien einzuteilen.

Niemand bestreitet, daß diese Denkweise auch ihre Vorteile hat. Auf dualistische Weise beschrieb ich etwa im vorhergehenden Kapitel dieses Buches die Wesensmerkmale des WMS und des WS. Diese Methode bot sich hierfür an und erfüllte meiner Meinung nach auch ihren Zweck. Allerdings traf ich diese Wahl bewußt – und nicht etwa weil ich der Meinung bin, daß die Welt dualistisch abgeteilt ist, und alles so gesehen werden muß.

In allen Zeitaltern hat die Menschheit immer wieder große Anstrengungen unternommen, die Welt dualistisch zu erklären. Yin und Yang sind dualistische Prinzipien, ebenso wie links und rechts, gut und böse, oben und unten, schwarz und weiß. Manchmal ist es sehr verlockend, in ›Entweder-Oder‹-Kategorien zu denken. Ist etwas nicht so, dann muß es das Gegenteil sein. Alles dazwischen ist unwesentlich.

Ich habe diese Gedanken einmal einer Gruppe von Studenten an einem intellektuell anspruchsvollen Privatcollege im amerikanischen Mittelwesten vorgetragen. Als ich begann, den Dualismus in Frage zu stellen, war einer der Studenten sehr aufgebracht. »So etwas dürfen Sie nicht sagen!« beschwor er mich. Als ich ihn fragte, was ihn denn so aufrege, gab er zur Antwort: »Wir *müssen* einfach dualistisch denken. Es gibt keine andere Möglichkeit, unsere Welt zu begreifen. Und außerdem – wenn das, was Sie sagen, wahr ist, dann ist alles, was ich lerne, falsch.« (Wieder ein Dualismus!) Sein Hauptfach war Philosophie und Logik, und man brachte ihm bei, dualistisch zu denken und die Welt dualistisch zu erforschen. Kein Wunder, daß meine Behauptungen ihn ganz schön aufregten!

Da wir so ausschließlich auf dualistisches Denken getrimmt werden, können wir nur einen kleinen Teil unserer Gehirnkapazität nutzen. Unser Gehirn kann wie ein Computer funktionieren. Wir können vielerlei Informationen aus den verschiedensten Bereichen verarbeiten, das Endergebnis jedoch sieht wie das binäre System aus: 1 oder 0, an oder aus, entweder – oder. Man muß sich einmal überlegen, was möglich wäre, wenn wir unser volles Potential ausschöpfen würden. Wir sind so stolz darauf, wie weit oben wir auf der Leiter der Entwicklung stehen – aber wenn wir unseren Geist in dualistische Denkschablonen pressen, dann ist das so, als ob wir anstatt zu laufen oder gar zu fliegen auf allen vieren kriechen würden.

Dualismus ist eine der häufigsten Ursachen für eine gestörte Kommunikation zwischen WMS- und WS-Personen. Wie Sie sich sicher erinnern, habe ich in einem früheren Kapitel die WS-Kommunikation als ›brückenschlagend‹ bezeichnet. Aus einer Kommunikation des Entweder-Oder wird ein Entweder *und* Oder.

Fast jedesmal, wenn ich einen Vortrag über diese Dinge halte und etwa sage: »Frauen sind nicht minderwertig, ganz im Gegenteil, sie sind wunderbar«, kontert ein Zuhörer: »Warum halten Sie dann die Männer für minderwertig und warum sind Sie so männerfeindlich?« Im dualistischen Denken bedeutet das Bejahen der einen Seite soviel wie die Ablehnung der anderen. Wenn zwei Personen verschiedener Meinung sind und der eine sagt »Ich habe recht«, so hört der andere automatisch »Du hast unrecht«. Wenn ich mich in einer solchen Lage befinde, gebe ich dem anderen recht, aber mir selber auch. Das WS ist nicht ein dualistisches System. Im WS können trotz unterschiedlicher Auffassung beide recht haben.

Sobald einmal eine dualistische Grundannahme gemacht und der dualistische Denkprozeß in Gang gebracht wurde, sind Konflikte und Mißverständnisse für gewöhnlich vorprogrammiert. Man kann ja nicht Frauen und gleichzeitig auch Männer schätzen. Man muß wählen – und zwar möglichst ›richtig‹, denn das andere muß ja das ›Falsche‹ sein, – zweimal ›richtig‹ ist ja nicht denkbar!

Ich sage nicht, daß wir den dualistischen Denkprozeß abschaffen sollten; in vielen Situationen ist er einfach und praktisch. Ich behaupte lediglich, daß er der Kreativität enge Grenzen setzt und eine Menge unnötige Verwirrung stiftet. Ich habe die Erfahrung gemacht, daß es bei Auseinandersetzungen sehr hilfreich sein kann, dualistische Denkweisen aufzudecken und nach anderen Möglichkeiten der Konfliktlösung zu suchen. (Und dabei gebe ich mir alle Mühe, nicht etwa zu sagen: »Wir müssen *entweder* dualistisch denken *oder*...!«)

Ich habe hierfür zwei ganz einfache Methoden entdeckt, die sich als sehr brauchbar erwiesen haben. Die erste Methode besteht darin, daß man sich zu den beiden schon vorgetragenen (dualistischen) Alternativen schnell weitere Möglichkeiten ausdenkt. Wenn z. B. jemand behauptet, wir müßten entweder dieses (1) oder jenes (2) tun, versuche ich auch eine 3. und 4. Möglichkeit einzubringen. Dieses Verfahren bringt den Dualismus ganz offensichtlich bald zu Fall. Ich habe erlebt, daß dann andere in der Regel mit weiteren möglichen Lösungen aufwarten (5), (6), (7). Das fördert zudem die schöpferischen Kräfte und das persönliche Wachstum.

Das ganze Geheimnis der zweiten Methode besteht darin, das Wort ›aber‹ in ›und‹ umzuwandeln. Man sagt häufig: »Ich stimme dir zu, *aber*...« und bringt dadurch den dualistischen Denkprozeß in Gang. Ich schlage vor, daß wir diese Äußerung in ein »Ich stimme dir zu, *und*...« abändern. Dies macht den Weg frei für Verhandlungen, so daß sich zwei Menschen nicht als Gewinner und Verlierer (d. h. dualistisch) gegenüberstehen. Ich habe festgestellt, daß durch diese Taktik die Kommunikation ganz entscheidend verbessert werden kann und unnötige Konflikte abgebaut werden.

Um den Dualismus zu durchbrechen, muß man natürlich bereit sein, bei Problemen und Meinungsverschiedenheiten auch nach Alternativlösungen zu suchen. Wenn man nur darauf aus ist, zu gewinnen und die Oberhand zu behalten, wird sich der andere beharrlich an das dualistische Denkmuster klammern.

Wenn wir den Dualismus des WMS hinter uns lassen, öffnen wir neue Türen des Verstehens. Wenn wir uns vom dualistischen Denken befreien, dann werden wir fähig sein, für komplexe Probleme komplexe Antworten zu finden. Wenn wir das dualistische Denken verstehen lernen und als das erkennen, was es ist, können wir zwischen ihm und anderen Realitäten wählen.

Was ist Wahrheit?

Von all den Beobachtungen und Erkenntnissen, die aus meiner Arbeit hervorgegangen sind, ist für mich das Konzept der verschiedenen Ebenen der Wahrheit mit am wichtigsten.

Viele unserer Kommunikationsprobleme sind auf die Tatsache zurückzuführen, daß die Menschen von verschiedenen Wahrheitsebenen aus miteinander sprechen und sich der Existenz einer anderen Ebene oft gar nicht bewußt sein. Graphisch stelle ich das gerne so dar:

In Worten beschreibe ich es folgendermaßen:

1. Jedes Thema hat seine eigenen Wahrheitsebenen, wobei die eine auf der anderen aufbaut. Wenn ein Mensch wächst und sein Bewußtsein sich weitet, dann bewegt er sich von mehr oberflächlichen zu immer höheren Einsichten/Wahrheitsebenen.
2. Wenn jemand von einer bestimmten Wahrheitsebene aus handelt, ist diese Ebene ›richtig‹ für ihn.
3. Jeder muß die Wahrheitsebene, auf der er sich gerade befindet, voll durchleben, bevor er auf eine andere aufsteigen kann (wieder ein Paradox!).
4. Man kann für verschiedene Wahrheitsebenen Verständnis und Sympathie aufbringen – allerdings nur, wenn man diese Ebenen selbst einmal durchlaufen hat.
5. Man kann kein Verständnis und keine Sympathie für jene Wahrheitsebenen aufbringen, die man nicht selbst einmal durchlebt hat oder die noch vor einem liegen.
6. Je weiter fortgeschritten man auf dem Kontinuum der Wahrheitsebene einer bestimmten Frage ist, desto besser kann man das Konzept selbst verstehen und die verschiedenen Wahrheitsebenen, auf denen andere sich befinden.

7. Beim Durchschreiten dieser verschiedenen Wahrheitsebenen ist jede neue Ebene fast immer das Gegenteil der vorherigen. Diese Tatsache scheint nicht konsequent zu sein, ist jedoch ein Fortschreiten der Bewußtheit.

8. Wenn man zwei aufeinanderfolgende Wahrheitsebenen miteinander vergleicht, dann sieht das dualistisch bzw. dialektisch aus, aber das ist nicht der Fall. Es sieht nur so aus, wenn man sie statisch und nicht als Teil einer Entwicklung sieht.

9. Bisweilen verhalten sich Menschen auf verschiedenen Wahrheitsebenen anscheinend gleich, sie unterscheiden sich aber grundlegend in ihrer inneren Haltung.

10. Nur wer die verschiedenen Wahrheitsebenen verstehen und würdigen kann, ist zu wirklicher Kommunikation fähig.

Zum besseren Verständnis möchte ich das an einem Beispiel verdeutlichen.

Vor einiger Zeit war ich eingeladen, auf der First National Conference on Human Relations in Education (der 1. Nationalen Konferenz für zwischenmenschliche Beziehungen in der Erziehung) das Hauptreferat zu halten. Außerdem sollte ich die Konferenzergebnisse auswerten, und das hieß, ich mußte an den verschiedenen Seminaren teilnehmen und sie beurteilen.

Im ersten Seminar, das ich besuchte, wurde das Thema der Homosexualität in der Erziehung erörtert. Die Palette der Teilnehmer umfaßte Leute, die (zumindest angeblich) überhaupt keinen Homosexuellen kannten, bis hin zu Leuten, die sich selbst als homosexuell bezeichneten.

Wir wurden aufgefordert, eine einfache Übung zu machen. Man gab jedem ein unterteiltes Blatt Papier und bat uns, die entsprechenden Begriffe in die Kästchen zu setzen, die jede Gruppe beschreiben.

	Männer	Frauen
normal		
homosexuell		

Als ich mir die Ergebnisse dieser Übung ansah, stellte ich fest, daß sich die Teilnehmer des Seminars auf vier verschiedenen Wahrheitsebenen befanden. Graphisch dargestellt sah die Gruppe so aus:

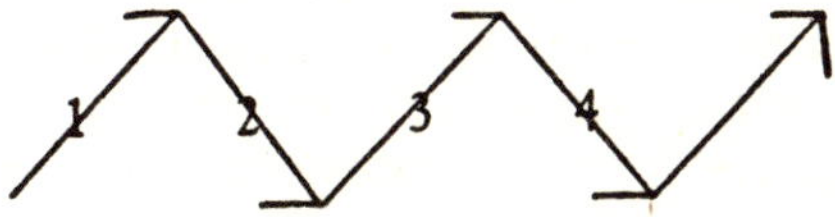

Personen der 1. Ebene hatten nicht einmal erkannt, daß es so etwas wie Homosexualität gibt und hatten eigentlich keine Wörter, um sie zu beschreiben.

Personen der 2. Ebene wußten zwar, daß Homosexuelle existieren, wußten jedoch sehr wenig über sie und fühlten sich deshalb von der Homosexualität bedroht. In manchen Kreisen würde man diese Personen als ausgesprochene ›Homo-Hasser‹ bezeichnen. Ihr Wissen um die Homosexualität hatte sich in vielen abwertenden und bigotten Ausdrücken niedergeschlagen, als da sind: Lesbe, Hundertfünfundsiebziger, Schwuler, warmer Bruder etc.

Personen der 3. Ebene hielten sich für ›aufgeklärt‹ und ›liberal‹. Sie anerkannten und akzeptierten die Homosexualität und hatten wenigstens einen Teil ihrer diesbezüglichen Ängste bearbeitet. Sie wußten um die Rechte der Homosexuellen und wollten ja nichts sagen, was man als Beleidigung hätte auslegen können. Sie ›säuberten‹ deshalb ihre Sprache von allen abwertenden Ausdrücken für Homosexuelle und versuchten ihre Vorurteile aufzugeben. Bezeichnungen wie ›Schwuler‹ oder ›Lesbe‹ hatten sie aus ihrem Vokabular gestrichen.

Personen der 4. Ebene hatten ihre Ängste größtenteils bewältigt. Einige hatten Homosexuelle als auch normale Freunde, einige waren selbst homosexuell; sie hatten die Vogel-Strauß-Phase (1. Ebene), die ›Homo-Hasser‹-Phase (2. Ebene) und die liberale 3. Phase durchlaufen und waren sich aller drei früheren Ebenen voll bewußt. Diejenigen, die homosexuelle Freunde hatten, nannten sie liebevoll ›Du alte Lesbe‹ oder ›Du alter

Schwuler‹. Diese Ausdrücke hatten einen herzlichen, liebevollen Unterton angenommen und waren ein ganz natürlicher Bestandteil ihrer Sprache.

In diesem Zusammenhang kann man eine Reihe wichtiger und interessanter Beobachtungen machen. Die erste zeigt eine Richtung: Wenn Leute sich der Homosexualität mehr bewußt werden, tendieren sie dazu, sich von Ebene 1 durch die Ebenen 2, 3 und 4 weiterzubewegen. (In jener Seminargruppe gab es keine Personen der 5. Ebene. Das wären wahrscheinlich Leute, die den Menschen nicht über seine Sexualität definieren, die entsprechenden Begriffe nicht verwenden usw.).

Meine 2. Beobachtung betrifft die Tatsache, daß es schwierig, wenn nicht gar unmöglich ist, von einer späteren auf frühere Wahrheitsebenen zurückzufallen. Wer einmal die 4. Ebene erreicht hat, könnte in der betreffenden Frage nie wieder wie eine Person auf der 1. Ebene denken, und ich bezweifle, ob eine Person von der 3. Stufe auf die 2. zurückkehren könnte.

Meine 3. Beobachtung zeigt, daß jeder für die ›Richtigkeit‹ seiner eigenen Wahrheitsebene kämpft. Je weiter einer kommt, desto weniger vehement und kämpferisch muß er seine Überzeugungen vertreten, und zwar einfach deshalb, weil er auf seine eigenen früher durchlebten Phasen zurückblicken kann. Die ausfälligsten und ›bigottesten‹ Gruppenteilnehmer sind meistens Leute, die sich noch in einem früheren und weniger bewußten Stadium befinden. Ich habe den Eindruck, daß jemand, der noch auf einer niedrigeren Wahrheitsstufe steht, sich seiner Überzeugungen viel weniger sicher ist und darum die Bestätigung der anderen braucht. Diejenigen, die bereits mehrere Wahrheitsebenen durchlaufen haben, neigen zu mehr Toleranz und Offenheit. Sie haben Verständnis für die Phasen, die sie selbst durchlaufen haben und können sich für ihr Leben weitere Ebenen durchaus vorstellen, auch wenn sie noch nicht wissen, wie diese aussehen werden. Menschen auf der höchsten Wahrheitsebene sind oft einsam, denn je weiter einer fortschreitet, desto mehr Menschen läßt er hinter sich.

Aus dem Diagramm ist ersichtlich, daß die 2. Ebenc entgegengesetzt zur 1. Ebene verläuft, die 3. Ebene entgegengesetzt zur 2., die 4. Ebene entgegengesetzt zur 3. Ebene usw.

Dies führt mich zu der 4. Beobachtung: Fast immer strebt die neue Bewußtseinsebene weg von der vorherigen. Das Wachstum von einer Bewußtseinsstufe zur nächsten wirkt also für einen Außenstehenden widersprüchlich. Was ich noch vor einer Woche leidenschaftlich als Wahrheit verteidigt habe, stimmt vielleicht heute für mich nicht mehr. Und das, was ich heute verteidige, kann morgen für mich schon nicht mehr wahr sein.

Da zwei aufeinanderfolgende Wahrheitsebenen sich in entgegengesetzter Richtung bewegen, erscheinen sie, von außen gesehen, dualistisch. Das ist eine sehr enge Sicht von Wahrheit. Man sollte die Wahrheitsebenen vielmehr als Phasen eines dynamischen Wachstums sehen. Die Entwicklung zu größerer Bewußtheit verläuft nicht nur auf zwei Ebenen der Wahrheit, sie erfolgt über viele Stufen, die zu mehr und mehr Weisheit und Verstehen führen. Man darf sich von den Leuten, die jeweils nur zwei Ebenen auf einmal sehen können, nicht in einen dualistischen Konflikt von richtig und falsch hineinziehen lassen.

Von allen Beobachtungen ist die 5. vielleicht am faszinierendsten: Auf jeder Wahrheitsebene verhalten sich die Menschen verblüffend ähnlich wie die auf der vorletzten und übernächsten Wahrheitsebene, aber in ihrer Einstellung sind sie vollkommen verschieden.

In meinem Beispiel verhalten sich Personen der 1. und 3. Ebene sehr ähnlich. Ebene-1-Personen sind sich der Homosexualität nicht bewußt und haben deshalb keinen Wortschatz dafür entwickelt. Personen der 3. Ebene haben ihr Vokabular gesäubert und möchten weder beleidigen noch bigott erscheinen, also benutzen sie nicht die Ausdrücke, die sie auf ihrer 2. Ebene gelernt haben. Kein Mitglied dieser beiden Gruppen würde Wörter wie ›Lesbe‹ oder ›Schwuler‹ in den Mund nehmen.

Vom Verhalten her sind sie also fast gleich. Ihre Einstellung zur Homosexualität ist jedoch grundverschieden. Ebene-1-Personen wissen nichts von Homos (und würden wahrscheinlich gern weiterhin unwissend bleiben). Sie haben wenig oder kein Verständnis für die anderen Wahrheitsebenen dieser Frage. Personen der 3. Ebene andererseits sind sich absolut darüber im klaren, daß es Homos und Homosexualität gibt. Sie fangen auch langsam an zu begreifen, daß die Wahrheit Prozeßcharakter hat.

Auch die Menschen auf der 2. und 4. Ebene zeigen ein ähnliches Verhalten. Sie gebrauchen spezielle Bezeichnungen für Homos. In ihrer Einstellung sind sie jedoch diametral entgegengesetzt. Auf Ebene 2 werden die jeweiligen Ausdrücke verächtlich gebraucht. Aufgrund ihrer Ängste stehen sie der Homosexualität feindlich gegenüber. Personen der 4. Ebene haben wenigstens einen Teil ihrer Angst überwunden und benutzen die entsprechenden Bezeichnungen geradezu liebevoll (etwa wie zwei Schwarze, die sich gegenseitig voll Sympathie mit ›Nigger‹ anreden). Personen der 2. Ebene hassen Homosexualität, während sich Leute der 4. Ebene in der Gegenwart von Homos durchaus wohl fühlen und sie akzeptieren.

Oft werden beide, Personen der 2. und 4. Ebene, von Personen der 3. Ebene heftig angegriffen. Um ja liberal zu sein und die eigene Ebene zu bestätigen, werden Personen der 3. Ebene jeden angreifen, der solche Wörter in den Mund zu nehmen wagt. Den Personen der 2. Ebene werfen sie Engstirnigkeit und Heuchelei vor. Den Personen der 2. und 4. Ebene werfen sie ihre Ausdrücke vor und erkennen nicht, daß es da Unterschiede in der Einstellung gibt. Sie sehen und verteidigen nur ihre eigene Wahrheitsebene.

Je mehr Wahrheitsebenen von einem Menschen durchschritten wurden, desto weniger hat er es nötig, jene anzugreifen, die sich noch in früheren Stadien befinden. Tut er es trotzdem – was selten ist –, so hängst es im allgemeinen damit zusammen, daß er seinen eigenen Standpunkt erst voll behaupten und bestätigen muß, bevor er zur nächsten Stufe weitergehen kann.

Ich habe die Erfahrung gemacht, daß es für fast jede Frage verschiedene Wahrheitsebenen gibt. Treten Kommunikationsschwierigkeiten zwischen den Menschen auf, so agieren sie meistens von verschiedenen Ebenen aus und erleben sich nicht als Teilnehmer an einem fortschreitenden Prozeß.

Man braucht nicht zu betonen, daß das Konzept der Wahrheitsebenen eine Herausforderung ist für die Auffassung, es gäbe für jede Frage eine einzige unumstößliche Wahrheit.

Wenn jede Ebene ihre eigene Wahrheit hat, dann muß die Entwicklung hin zu größeren (und unterschiedlichen!) Wahrheiten ein Prozeß der Bewußtseinserweiterung sein (wie im WS) und nicht nur die Suche nach einem Endpunkt (wie im WMS).

Paradoxerweise müssen wir jede Wahrheitsebene erst durchleben, ehe wir zur nächsten weitergehen können. Wer glaubt, die verschiedenen Stufen eilig durchlaufen zu können, wird steckenbleiben. Und wenn einer sich weigert, zu einer neuen Ebene aufzusteigen, obwohl es an der Zeit ist, wird er stagnieren.

Der Weg zur Weisheit ist ein kontinuierlicher Reifeprozeß. Die Weisheit selber ist nämlich ein Prozeß und kein Produkt!

Ich habe festgestellt, daß sich das Konzept der Wahrheitsebenen auf alle Fragen anwenden läßt, seien sie groß oder klein, wichtig oder unwichtig. Ich will das an einem weniger gewichtigen Beispiel verdeutlichen.

Vor der Pubertät wußte ich nicht, daß viele Frauen ihre Beine rasieren, und ich interessierte mich auch nicht dafür (1. Stufe). Als ich dann älter und erfahrener wurde, entfernte ich – wie die meisten Frauen meiner Generation – die Haare an den Beinen und in den Achselhöhlen (2. Ebene). Als ich mich der Frauenbewegung anschloß, ließ ich diese Härchen wachsen (3. Ebene), um damit meine politische Einstellung kundzutun, daß Frauen (und insbesondere ich) genau so in Ordnung waren, wie die Natur sie schuf. Als mir schließlich klar wurde, daß ich mich dem Zwang einer Bewegung ebensowenig beugen wollte wie dem WMS, fing ich wieder an, Beine und Achselhöhlenhaare zu rasieren (4. Ebene). Heute lasse ich im Winter die Bein- und Achselhöhlen wachsen – es gibt mir ein Gefühl der Wärme –, und im Sommer rasiere ich sie ab, weil ich mich so kühler fühle (5. Ebene).

Obwohl dieses Beispiel reichlich banal ist verglichen mit dem vorigen, ist das Schema einigermaßen ähnlich. Beim Durchlaufen meiner Wahrheitsebenen in der Frage des Rasierens mußte ich von Personen anderer Ebenen Kritik einstecken. Gegenüber jenen Ansichten/Ebenen, die ich auch einmal durchgemacht hatte, war ich toleranter als die Leute, die in eben dieser Phase steckten. Ich habe keine Ahnung, wie meine nächste Ebene aussehen wird (vielleicht werde ich ein Affe!). Wenn ich mitten drin war, fühlte ich mich auf jener Ebene ›richtig‹, und ich hatte auch genügend Selbstvertrauen, der Kritik zu begegnen und meine Ansicht voll zu vertreten.

Viel zu häufig vergessen unsere Kulturpropheten, Philosophen und Kritiker all die Wahrheitsebenen, die auch sie einmal durchlaufen haben, und versuchen, uns gewöhnlichen Sterblichen ein Konzentrat ihrer fortgeschritteneren Erkenntnisse einzutrichtern. In Zeiten wie den unseren müssen wir uns immer wieder vor Augen halten, daß wahre Weisheit darin besteht, den anderen beim Durchwandern ihrer jeweiligen Ebenen zu helfen, *und zwar in dem ihnen gemäßen Tempo*. Theologen und Leute der Kirche machen sich oft schuldig, andere Menschen in Wahrheitsebenen hineinzuzwingen, die jenseits ihrer Aufnahmefähigkeit liegen. Sie haben vergessen, daß Weisheit ein Prozeß ist, und versuchen, ein Fertigprodukt an den Mann zu bringen. Wir können nur erfassen, was wir wirklich wissen. Ein noch so toll entwickeltes ›Produkt‹ nützt überhaupt nichts, wenn wir keine Verwendung dafür haben.

KAPITEL 7

Eine Einführung in die ›weibliche‹ Theologie

Die Bedeutung eines theologischen Bewußtseins

Ich habe nicht die Absicht, mich auf diesen letzten paar Seiten auf eine komplizierte und tiefgründige theologische Diskussion einzulassen. Das möchte ich lieber den ›richtigen‹ Theologinnen überlassen. Auf dem Gebiet der Theologie werfen sie mit großer Überzeugungskraft die Fragen auf, die das WMS herausfordern.

Ich möchte statt dessen jene theologischen Themen ansprechen, die mir für das Verständnis des WMS und des WS wichtig erscheinen.

Ich glaube, daß es in unserer Kultur von entscheidender Bedeutung ist, daß sowohl Männer als auch Frauen ein theologisches Wissen haben. Wir können nicht die theologischen Prägungen außer acht lassen und uns gleichzeitig einbilden, wir könnten das Leben der Menschen von heute ohne sie verstehen. Gerade Frauen werden von der Theologie des WMS abgewertet. Bevor wir unser eigenes System besser erkennen können, muß uns das ganz deutlich sein – sonst können wir die Tragweite des Problems nicht erfassen.

Außerdem bin ich der Meinung, daß jeder Therapeut, der mit Frauen oder Paaren arbeiten will, sich ein gründliches Wissen dieser theologischen Grundbegriffe aneignen muß. Anders kann er seinen Klienten gar nicht gerecht werden.

Kürzlich hielt ich einen neuntägigen Workshop für Frauen, und wir diskutierten mehrere Tage lang über Sexualität, Bewußtheit (Awareness) und Identität. Ich machte die Beobachtung, daß bei fast jeder Teilnehmerin sexuelle Erfahrungen, ihre Einstellung zur Theologie und ihre Haltung zur Kirche unlösbar miteinander verbunden waren. In jeder dieser Frauen waren diese drei Dinge so ineinander verwoben, wie sie es in unserer Kultur auch sind.

Als ich anfing, mit mehreren Gruppen an diesem Komplex zu arbeiten, benutzte ich eine ganz einfache Übung, um die entsprechenden Informationen zu bekommen. Ich machte an der Tafel zwei Spalten und überschrieb die eine mit ›Gott‹ und die andere mit ›Mensch‹. In diese beiden Listen sollten die Teilnehmer alle Begriffe eintragen, die sie mit Gott oder dem Menschen in seinem Verhältnis zu Gott assoziierten. (Ich sollte hier vielleicht erwähnen, daß ich diese Übung nicht nur in Firmen und Behörden, sondern auch mit kirchlichen Gruppen machte.)

Nach einigem Gemurmel und Gestöhne – »Ich glaube nicht an Gott«, »Was soll das Ganze« – versicherte ich der Gruppe, daß es nicht etwa um Glaubensfragen geht. Ich wolle lediglich wissen, was sie für eine Vorstellung von Gott hätten. Manchmal kamen ganz ausgefallene Antworten. Als ich z. B. in einer Unitarier-Kirche am Muttertag sprach, stand ein großer, stämmiger Mann auf und sagte: »Gott war doch dieser miese Alte, der den Hiob so gepiesackt hat.« Ich nickte eifrig und fragte, ob er mit der Kurzfassung ›der miese Alte‹ einverstanden sei.

Ganz gleich, wer nun die Zuhörer waren, überall bekam ich die gleiche Sorte von Antworten. Selbst Leute, die sich als eingefleischte Agnostiker oder Atheisten bezeichneten, konnten mir genauestens sagen, wie ›ER‹ ist. Die meisten Leute beschrieben Gott zunächst einmal als ›männlich‹, und das hatte ich natürlich erwartet. Danach folgten die Eigenschaftswörter mit ›all‹: allmächtig, allwissend, allgegenwärtig. Und schließlich kamen all die üblichen anderen Bezeichnungen: unsterblich, ewig etc.

Keines jener ›All-Wörter‹ tauchte jemals in der Rubrik ›Mensch‹ auf. Da standen Bezeichnungen wie Kind, sündig, schwach, dumm bzw. töricht, sterblich.

Danach zeichnete ich zwei weitere Spalten an die Tafel und überschrieb sie mit ›Mann‹ und ›Frau‹. Dafür sollten dann die Teilnehmer Begriffe finden, die Männer und Frauen in ihrer wechselseitigen Beziehung charakterisieren. Die fertigen Listen sahen fast immer gleich aus:

Mann	*Frau*
intelligent	gefühlsbetont
mächtig	schwach
tapfer	ängstlich
gut	sündig
stark	›Kind‹

Die vier fertigen Listen stellte ich dann nebeneinander, was folgendes Bild ergibt:

Gott	*Mensch*	*Mann*	*Frau*
männlich	›Kind‹	intelligent	gefühls-betont
allmächtig	sündig	mächtig	schwach
allwissend	schwach	tapfer	ängstlich
allgegen-wärtig	dumm oder töricht	gut	sündig
unsterblich ewig	sterblich	stark	›Kind‹

Hier zeigt sich ganz deutlich: Der Mann ist für die Frau, was Gott für den Menschen ist. Wenn der Mensch mit Gott verglichen wird, fällt er unter die Kategorie ›schwach und sündig‹. Werden jedoch Männer mit Frauen verglichen, dann werden die Männer geradezu gottähnlich und Frauen fallen in die Kategorie ›schwach und sündig‹. (Beim Thema Sterblichkeit/Unsterblichkeit ist es nicht so eindeutig, aber eher hält man die Männer für unsterblich.)

Dieses Muster zeigt in großen Zügen die Mythen des WMS auf. Seine Theologie bekräftigt diese Mythen. Männer glauben, sie könnten Gott ähnlich werden und gehen dabei zugrunde. Frauen haben da natürlich überhaupt keine Chance und geben sich deshalb große Mühe, mit diesen sterblichen Göttern – den Männern – leidlich zurechtzukommen.

Es ist schon interessant, daß bei *jeder* Gruppe, mit der ich dies machte, ungefähr das gleiche herauskam. Überzeugungen und Mythen sind tief in unserer Kultur verwurzelt. Sie rechtfertigen und unterstützen das WMS viel mehr, als man das gemeinhin vermutet.

Die Hierarchie unserer Kultur sieht also folgendermaßen aus:

Gott
Männer
Frauen
Kinder
Tiere
Erde.

Gott beherrscht Männer, Frauen, Kinder, Tiere und die Erde. Männer beherrschen Frauen, Kinder, Tiere und die Erde. Frauen beherrschen Kinder, Tiere und die Erde. Die Erde kommt an letzter Stelle; sie wird als machtlos und allen untertan angesehen.

Zu dieser Herrschaftsstruktur gehört, daß der Überlegene den Unterlegenen immer ausbeutet und kontrolliert. Außerdem hat jeder den Wunsch, auf den nächst höheren Rang aufzusteigen, keiner ist zufrieden mit dem Platz, auf dem er steht. Männer versuchen zu sein wie Gott, Frauen versuchen zu sein wie Männer, Kinder wollen gleich erwachsen sein. Außerdem wollen wir die unter uns Stehenden zwingen, sich uns anzupassen.

Ich habe schon ausführlich beschrieben, was den Männern passiert, wenn sie sein wollen wie Gott. Ihr Körper hält den Streß nicht aus und sie sterben vor der Zeit. Frauen, die es im WMS ›schaffen‹ wollen, versuchen so gut wie möglich, es den Männern gleichzutun. Wenn man der Frau sagt, sie ›habe einen männlichen Verstand‹, so ist das ein ganz schönes Kompliment. Wir versuchen, unsere Kinder möglichst schnell zu Erwachsenen zu machen, indem wir ihnen einhämmern: »Sei ein großer Junge«, »Benimm dich wie eine Dame« und »Große Jungen weinen nicht«.

Ich hörte einmal im Radio, daß ein Fünftkläßler von der Schule geflogen war. Meine Neugier war geweckt und ich beschloß herauszufinden, was ein Fünftkläßler getan haben konnte, das so schrecklich war, daß es zum Schulausschluß führte. Ich sprach mit der Lehrerin, und sie behauptete, der Junge habe sich nicht ›altersgemäß‹ verhalten. Er habe Faxen gemacht und herumgealbert, statt stillzusitzen. Offensichtlich hatte er sich *seinem* Alter entsprechend verhalten, nicht aber wie ein kleiner Erwachsener, und deshalb konnte ihn die Lehrerin in der Schule nicht gebrauchen.

Erwachsene geben Kindern dauernd Botschaften (direkt oder indirekt), daß sie nicht richtig sind, einfach weil sie nicht erwachsen sind.

Weil Kinder nur Kinder sind und als solche nichts gelten, fühlen sie sich zutiefst verwirrt und entwickeln kein gutes Selbstwertgefühl. Weil Frauen bloß Frauen sind und als solche nichts gelten, fühlen sie sich ebenfalls tief verwirrt und haben kein gutes Selbstwertgefühl. Jeder ist doch was er ist, und dann soll das trotzdem nicht richtig sein!

Auch unsere Tiere wollen wir vermenschlichen. Wir werten ihre ›Animalität‹ ab. Wie oft sagt man so unglaubliche Sachen wie: »Ach, mein Hund ist überhaupt kein Hund. Er denkt, er ist ein Mensch!« Und zu solch albernen Aussagen lächeln wir auch noch. Während des Studiums hatte ich einen Freund, dessen Siamkatzen auf die Toilette gingen. Das brachte ihm große Bewunderung ein.

Das Spiel geht also folgendermaßen vor sich: Die Männer ganz oben dominieren, und wer weiter unten steht, muß sich entweder nach oben boxen oder man packt ihn beim Kragen und zieht ihn hoch. Aber schließlich dürfen die Männer nicht zu gottgleich sein, weil sie sonst sterben. Und Frauen dürfen den Männern auch nicht zu ähnlich werden, sonst läßt man sie wieder fallen. Und Kinder dürfen auf keinen Fall zu erwachsen sein, sonst machen sie uns ja keinen Spaß mehr. Was für ein Zirkus!

Das, was man ist, genügt nie. Die Grundstruktur fast aller theologischen Systeme basiert auf diesem Schema von Herrschaft und Unterwerfung. Die Macht ist ganz oben und die völlige Machtlosigkeit ist ganz unten. Wenn du mehr Macht haben willst, muß du die, die unter dir sind, beherrschen und auf ihren Schultern stehen – das ist ein ganz alltägliches und anerkanntes Verfahren.

Was die Menschen dabei häufig nicht erkennen, ist, daß diese Hierarchie auf der Annahme eines statischen Gottes basiert. Gott muß unwandelbar sein, damit der Mann so werden kann wie ›ER‹. Dann muß natürlich auch die Hierarchie statisch bleiben. Man konzentriert sich auf Ziel und Inhalt, nicht aber auf Entwicklung (Prozeß).

Zuweilen muten einen diese Annahmen drollig an. Wie kann denn ein unwandelbarer Gott ein Universum geschaffen haben, das in ständiger Wandlung und Ausbreitung begriffen ist? Aber noch immer glaubt man, daß da irgendwo eine letzte Wahrheit existieren muß. Sonst käme ja die Hierarchie ins Wanken. Wenn wir indessen von einer Wahrheitsebene zur nächsten fortschreiten, wo bleibt dann die dominierende Stellung des Mannes in unserer Kultur? Und unsere Kultur überhaupt?

An dieser Stelle müssen wir das Konzept der Transzendenz noch einmal aus einem anderen Blickwinkel betrachten. Führt der Weg zur Transzendenz nicht über ein Paradox? Müssen wir nicht, um über uns selbst hinauszugelangen, erst ganz wir selber sein – eben menschlich? Verliert nicht der, der ständig versucht, über sich hinauszugelangen, sein wirkliches Selbst? Ist es nicht eigentlich so: In dem Maße, wie wir unser Menschsein entfalten, wächst unsere Fähigkeit zur Transzendenz.

Das sind keine leichten Fragen. Sie werden aber immer wieder gestellt, weil noch niemand eine befriedigende Antwort darauf gefunden hat. Und im übrigen stammen fast alle diese Antworten aus dem WMS. Kann uns das WS hier etwas Neues lehren? Ich glaube ja.

Meiner Meinung nach müssen wir die Glaubenslehre und ihre Auswirkungen auf unsere Kultur viel genauer untersuchen, so daß wir die Probleme von Männern und von Frauen besser verstehen. Die traditionelle Theologie diente dazu, die Mythen und Lehren des WMS zu untermauern. Vertreter der Theologie der Befreiung argumentieren bereits damit. Aber kann man die Lehren des WMS überhaupt aus der Theologie ausmerzen? Einige Theologinnen geben sich die größte Mühe. Sie erforschen die Probleme des Patriarchats und des Matriarchats und lassen hinter sich, was sie zu glauben und zu denken gelehrt wurden.

Ein Freund von mir, ein Theologe indianischer Herkunft, sagte einmal: »Wenn wir uns nichts vormachen, dann müssen wir zugeben, daß wir alle miteinander Götzendiener sind.« Fanatismus und Starrheit führen zum Götzendienst. Jeder, der dabei mitwirkt, eine statische Hierarchie und ein statisches System zu errichten und aufrechtzuerhalten, wird zum Götzendiener.

Zweifellos hat die Kirche immer wieder behauptet, daß der selbstlose = leidende Diener am gottgefälligsten ist. Frauen und Minderheiten machte man gerne zu leidenden Dienenden, dadurch erhielten sie ihre Absolution. Aber es ist wichtig zu sehen, daß, wenn wir uns in eine etwaige Abhängigkeit begeben – ob als Kinder oder Dienende –, wir die anderen (Gott und die Menschen) um eine wichtige Erfahrung bringen: die Begegnung zwischen reifen Partnern. Das WMS ist eine Art Vaterfigur, die alle in Abhängigkeit halten will. Es sieht auch Gott als Vater, dem es auf Kontrolle und kontrollieren ankommt. Da ist man entweder der Kontrolleur oder man wird kontrolliert, je nachdem, wo einer in der Hierarchie seinen Platz hat.

Das WS sieht Gott als Prozeß. Ein solcher ist niemals konstant oder statisch. Unsere natürliche menschliche Entwicklung ist göttlich – und doch ist Gott *nicht nur* unser Prozeß (ein Paradox). Wenn wir unser eigenes Leben leben, dann sind wir in Gott.

Im WMS bedeutet im Einklang mit Gott sein soviel wie in Einklang mit etwas sein, das außerhalb von uns ist. Und dieser Gott ist statisch und gut. Man erwartet vom Menschen, daß er sich nach diesen außerhalb seiner selbst liegenden Maßstäben des Guten richtet. Um Gott nahe zu sein, muß man also lernen, sich selbst zu verleugnen oder das Selbst hinter sich zu lassen. In anderen Worten, man muß sich anstrengen das zu werden, was man nicht ist.

Im WS ist jemand bei Gott, der bei sich selbst ist. Und Gott ist in ständigem Wandel und Wachstum begriffen. Wer sich mit seinem eigenen Prozeß im Einklang befindet, der ist auch im Einklang mit Gott. Und Gott ist nicht *nur* unser Prozeß und ist doch unser Prozeß.

Deshalb ist es Götzendienst, diesen Prozeß zu vereiteln, und es ist Sünde, sich diesem Prozeß zu entziehen. Man schimpft uns Frauen oft als selbst-süchtig, wenn wir aufhören, uns nur um die anderen zu kümmern und wenn wir anfangen, unsere eigene Entwicklung ernstzunehmen. Ich habe die Beobachtung gemacht, daß immer wenn eine Frau (es kann natürlich auch ein Mann sein) ihrem eigenen Prozeß folgt, andere dadurch niemals verletzt werden. Sie tut vielleicht Dinge, die anderen nicht gerade gefallen, aber sie tut ihnen nicht weh. Wenn wir hingegen den Kontakt mit unserem inneren Prozeß verlieren, verraten wir unsere Bestimmung und sind oft auch für andere zerstörerisch. Das ist das eigentliche Wesen der Sünde.

In der feministischen Theologie haben Kontrolle und Kontrollieren keinen Platz. Ebensowenig Herrschaft, da von allen Menschen erwartet wird, daß sie ihren eigenen Prozeß wie auch den ihrer Mitmenschen fördern. Dieses Fördern ist in seinem Selbstverständnis niemals schädlich, sondern immer hilfreich.

WS-Theologie ist Prozeß-Theologie. Man kann sie weder in Begriffe fassen noch in verschiedene Teile zerlegen und dann jedem Teil eine Beschreibung oder Definition zuordnen. Mein Wissen um WS-Theologie habe ich von den Frauen, denen ich in den letzten Jahren begegnen durfte. Sie haben mich an ihrer eigenen Spiritualität teilhaben lassen. Sie waren ihrer Sache so ›sicher‹, daß sie sich befreien konnten von dem, was man ihnen beigebracht hatte. Statt dessen lernten sie, ihren eigenen Erfahrungen zu trauen und sich auf ihr intuitives Wissen zu verlassen. Was dabei herauskam, habe ich hier kurz vorgestellt. Es ist vielleicht nicht logisch oder rational oder objektiv, denn es ist schließlich das Ergebnis eines vielfältigen und vielschichtigen Prozesses.

Wenn wir unsere heutige Theologie als ein Kind des WMS erkennen, dann wird sich unser Verständnis von Theologie vertiefen und verändern. Wenn es darum geht, zu erkennen und erkannt zu werden, müssen wir dann jene Glaubenslehren, die Wirklichkeit oder beides anerkennen? Werden wir, obwohl das WMS keine Abweichungen duldet, fähig sein, Andersartiges an uns heranzulassen? Werden wir die Fähigkeit entwickeln, uns nicht nur dem WS, sondern auch den Systemen der Schwarzen, der Indianer und all den anderen Systemen zu öffnen?

Abweichungen sind eine Herausforderung an das Dogma. Ist das eine Bedrohung oder eine Verheißung? Und was können wir tun, wenn unsere Dogmen herausgefordert werden – werden wir sie verteidigen, sie weiter erforschen, für den Status quo kämpfen, werden wir uns zurückziehen, werden wir versuchen, die Dogmen unserem neuen Denken anzupassen oder werden wir Abweichungen verstehen lernen als beglückende und herausfordernde Wege zu Wachstum?

Ein statisches System erlaubt keine Abweichungen. Es verschafft uns die Illusion von Sicherheit. Ein statisches System verwirft und verteufelt den Prozeß zugunsten des Bestehenden. Ein statisches System entwertet und zerstört sich selbst.

Es wird Zeit, daß wir endlich nicht länger vertuschen, daß die Theologie unserer Kultur – die WMS-Theologie – uns in einem starren System von Herrschaft und Ausbeutung gefangen hält. Wir müssen endlich erkennen, daß die gängigen theologischen Lehren dazu dienen, das WMS zu zementieren, und daß sie menschliche Freiheit und Entwicklung behindern.

Also, fangen wir an!